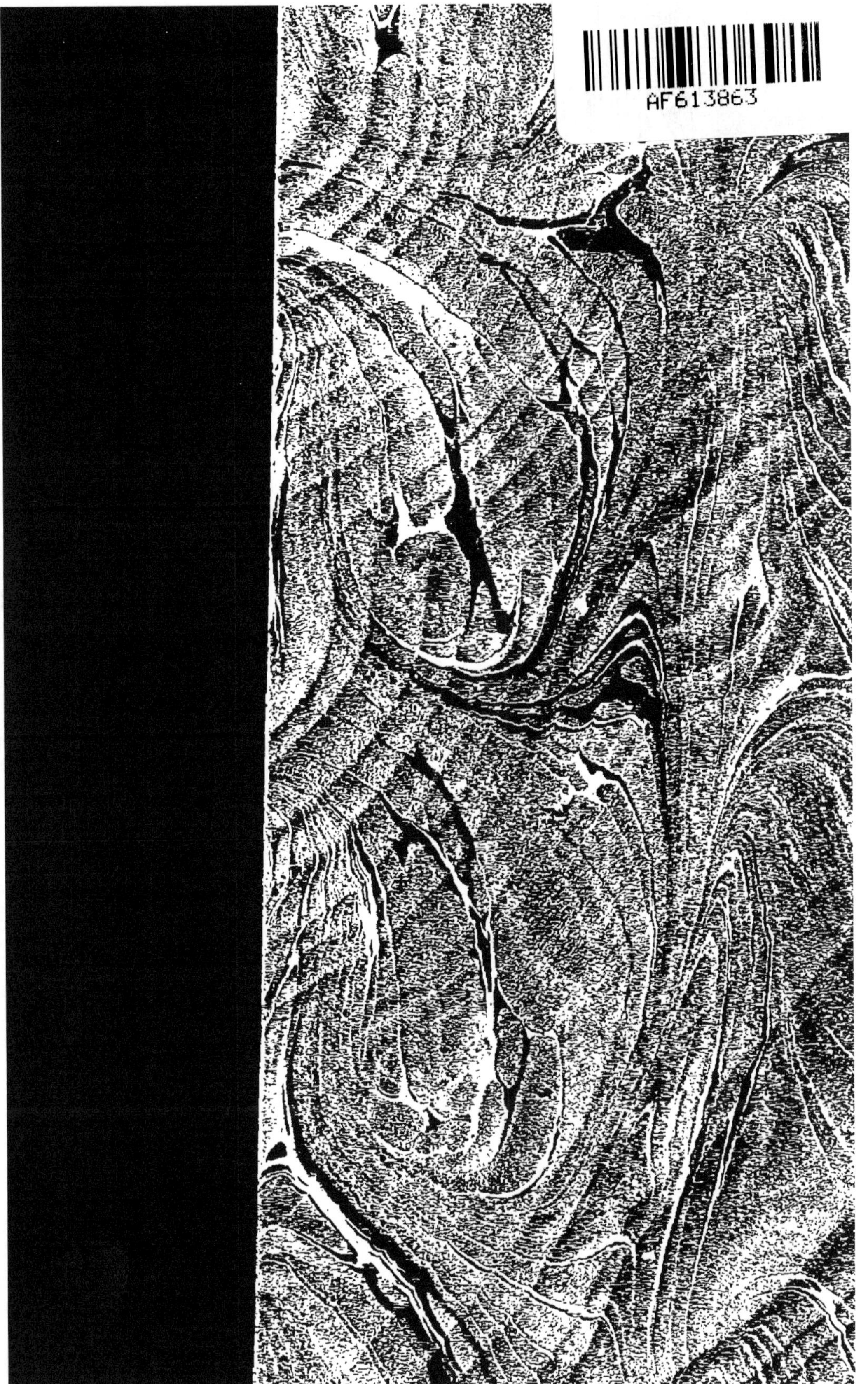

L'ASPIRANT EN CHINE

OU

CONVERSATIONS

SUR L'INDUSTRIE, SUR LES MOEURS ET SUR LE GOUVERNEMENT DES CHINOIS.

Traduit librement de l'anglais.

TOULOUSE,
DELHORBE, LIBRAIRE,
Rue du Lycée, 14.

PARIS,
LIBRAIRIE PROTESTANTE,
Rue Tronchet, 2.

LONDRES,
PARTRIDGE AND OAKEY, PATERNOSTER-ROW, 34.

1850.

L'ASPIRANT
EN CHINE

OU

CONVERSATIONS

SUR L'INDUSTRIE, SUR LES MOEURS ET SUR LE GOUVERNEMENT DES CHINOIS.

Traduit librement de l'anglais.

TOULOUSE,
DELHORBE, LIBRAIRE,
Rue du Lycée, 14.

PARIS,
LIBRAIRIE PROTESTANTE,
Rue Tronchet, 2.

1850.

Publié par la Société de Livres religieux,
à Toulouse.

Toulouse, Impr. de A. CHAUVIN et Ce, rue Mirepoix, 3.

L'ASPIRANT EN CHINE.

CHAPITRE PREMIER.

Introduction. — Scène de famille : le retour de l'Aspirant. — Explications.

Au milieu d'une chaîne de montagnes escarpées se trouve, dans une des parties les plus romantiques du nord du pays de Galles, la paisible petite ville de Barmouth. A l'époque où commence notre histoire, un négociant, retiré de Liverpool, M. Charles Evans, était fixé dans les environs. Sa maison, admirablement située sur une colline, dominait un des défilés de la montagne : d'un côté, s'étendait une vaste et riche vallée ; de l'autre, on apercevait dans le lointain la nappe azurée de la mer, et, sur le derrière, s'élevait la cîme abrupte de rochers nus qui contrastaient, d'une manière frappante, avec la riante verdure dont la jolie demeure de M. Evans était entourée.

Depuis quelques instants, le soleil avait disparu à l'horizon, et toute la famille, réunie dans le salon, paraissait attendre quelqu'un avec impatience. M. Evans se promenait en long et en large dans l'appartement, et s'arrêtait, de temps à autre, pour retirer sa montre qu'il comparaît chaque fois à la pendule placée sur la cheminée. Mme Evans, femme à la physionomie douce et agréable, était assise auprès d'une table à ouvrage; mais ses yeux aussi se dirigeaient souvent vers le cadran de l'horloge. Leurs deux filles brodaient en causant, et un petit garçon, de dix ans environ, s'efforçait de percer l'obscurité du dehors en collant ses yeux sur les vitres de la fenêtre.

—Mon cher ami, dit enfin Mme Evans, qui peut donc les retarder ainsi? Aucun accident, j'espère, n'aura arrêté notre pauvre Richard au moment où, après une aussi longue absence, il est sur le point d'atteindre la maison paternelle.

—Il n'est que sept heures et demie, ma chère, répondit M. Evans en retirant encore sa montre. La diligence est à peine arrivée à Barmouth depuis quelques minutes.

— Comme les voies de la Providence sont merveilleuses! reprit M. Evans après un moment de silence. Quand nous avons été séparés de notre cher Richard, nous étions loin de croire qu'il serait si promptement appelé à affronter des dangers aussi terribles. Cette campagne en Chine a certainement été bien rude pour lui.

— C'est vrai, Charles, répliqua Mme Evans; nous ne pensions pas non plus qu'il reviendrait si vite auprès de nous dans de si tristes circonstances: pauvre estropié, privé de son bras gauche! La gloire militaire, lorsqu'elle a coûté si cher à notre fils, ne doit pas nous compter au nombre de ses partisans.

— Ah! non, continua M. Evans; mais ne murmurons cependant pas contre la volonté de Dieu. Ce malheur a du moins été pour Richard une source de bénédictions spirituelles. Sa dernière lettre me le prouve. Il y manifeste tant de chagrin pour sa conduite passée! il témoigne tant de regrets pour l'obstination qu'il a montrée en embrassant, malgré nos désirs, la profession de marin! il loue la bonté de Dieu même dans le coup qui l'a frappé!..... Certainement, au lieu de nous plaindre, nous ne pouvons que bénir le Seigneur pour tous ses bienfaits!

— Cher Richard! ajouta Elisa, comme je serai heureuse en le revoyant! que de choses intéressantes n'aura-t-il pas aussi à nous raconter sur la Chine!

— Quant à moi, s'écria le petit Alfred, je vais l'accabler de questions. Sais-tu, papa, que ma boîte des missions est presque pleine?

— C'est bien, mon cher enfant, répondit M. Evans, je suis bien aise de l'apprendre. Il n'est pas de contrée qui réclame plus que la Chine le secours des missions. Mais..... n'entendez-vous pas quelque chose?

Tout le monde écouta. D'abord, un bruit sourd, éloigné, se fit entendre. Peu à peu il augmenta, et bientôt on distingua nettement le roulement d'une voiture. Enfin, l'éclat d'une lampe perça l'obscurité, et un cabriolet franchit rapidement l'avenue de la maison.

M. Evans, qui s'était précipité hors du salon, revint bientôt avec un jeune homme suspendu à son bras. Ce dernier paraissait avoir dix-neuf ans; ses traits mâles et agréables portaient la pâle empreinte de souffrances récentes. Il était revêtu de l'uniforme de la marine, mais le bout de la manche gauche de son habit, attaché avec une épingle sur sa poitrine, prouvait tristement la nature du service auquel il avait été employé.

—Mon cher, mon cher Richard! s'écria Mme Evans en s'élançant de son siége, au moment où il parut, pour l'étreindre dans ses bras. Ah! que je suis heureuse!.... que Dieu est bon en nous permettant encore de nous rencontrer ici-bas!

—Oui, chère mère, répondit Richard en lui rendant ses caresses, et pour ne pas nous séparer de sitôt. Elisa!... Mathilde!.... Alfred!.... je vous vois tous. Ah! c'est jouir d'un véritable bonheur!

Mais tirons un voile sur les joies de cette douce réunion. Ce que nous avons rapporté de la conversation précédente a dû, jusqu'à un certain point, mettre nos lecteurs au courant des circonstances dans lesquelles se trouvait placée la famille Evans. Sourd aux prières de ses parents, Richard avait quitté leur paisible demeure pour entrer dans la marine où il avait servi comme aspirant. Deux ans après, le navire sur lequel il était embarqué reçut l'ordre de rallier l'expédition envoyée en Chine. A la prise de Ning-po, le jeune Evans reçut une blessure qui nécessita l'amputation de son bras gauche, et, pendant quelque temps, sa vie elle-même fut en danger. Les suites de cet accident affaiblirent tellement son tempérament qu'il fut jugé incapable de continuer à servir dans la marine militaire. Mais cette épreuve lui avait fait faire de profondes et sérieuses réflexions. Pendant sa maladie, il avait été amené à méditer la Parole de Dieu et à prier avec une ferveur qui jusqu'alors lui avait été inconnue. Aussi fut-il exaucé. Il vit qu'il n'était naturellement qu'un pauvre pécheur, endurci au mal; il se repentit amèrement de ses fautes passées, et, s'abandonnant sans réserve à la miséricorde du Sauveur telle qu'elle est gratuitement offerte dans l'Evangile, il trouva bientôt la joie et la paix du croyant.

A partir de ce moment, Richard ne songea plus à vivre pour lui-même ; il comprit qu'il avait été racheté à un prix des plus précieux, et que c'était pour lui un devoir aussi bien qu'un privilége de consacrer son existence à la gloire du Sauveur dont la grâce l'avait appelé des ténèbres à sa merveilleuse lumière. Tel était donc l'état de son esprit, lorsqu'à la fin de la guerre il arriva en Europe en emportant avec lui de brillants témoignages de l'estime du commandant et des officiers de son navire. Les médecins lui avaient recommandé de passer quelque temps chez lui, afin d'y réparer ses forces, et c'est d'après cet avis qu'il revint, pour la première fois, chez son père, comme nous l'avons vu, après une absence de plus de quatre ans.

Les horreurs de la guerre, dont il avait été témoin, l'avaient éclairé sur les illusions de cette gloire militaire qui séduit tant de jeunes cœurs : aussi voyait-il avec plaisir la perspective de se livrer à des occupations plus paisibles. Cependant l'expérience acquise dans ses voyages ne devait pas être perdue, et les observations qu'il avait faites dans les pays étrangers, développant son jugement, agrandissant ses vues, lui permettaient de comprendre toute la portée des paroles du Psalmiste : « Ceux qui descendent sur la » mer dans des navires et qui font » commerce sur les grandes eaux, ce » sont eux qui voient les œuvres de » l'Eternel et ses merveilles dans les » lieux profonds. »

Pendant son séjour en Chine surtout, Richard avait étudié avec attention les mœurs de ce peuple intéressant, et c'est le résultat de ses observations que nous trouverons dans les chapitres suivants.

CHAPITRE II.

Les présents de l'Aspirant. — Boules concentriques. — Porcelaines. — Soieries. — Education des vers à soie en Chine. — Réflexions.

Le lendemain de son arrivée, Richard Evans fut obligé de consacrer toute la journée à divers arrangements d'intérieur et aux visites que lui firent plusieurs de ses anciennes connaissances. Ce ne fut donc que le soir que son frère et ses sœurs purent causer librement avec lui. Leur enchantement fut surtout bien grand, lorsque les présents qu'il avait apportés furent déballés. Il y avait un beau crépon de la Chine et un service complet de véritables porcelaines pour sa mère; une rare collection de coraux et de coquillages, destinée à son père; deux élégants nécessaires en laque pour ses sœurs, et des boules chinoises, curieusement sculptées à jour, pour son petit frère Alfred.

—Oh! cher papa, s'écria ce dernier en faisant tourner son joujou, comme ceci est curieux! Une, deux, trois, quatre; mais il y a au moins douze sphères, et elles sont toutes en ivoire. Comme ces Chinois doivent être adroits pour les placer ainsi l'une dans l'autre, sans qu'on puisse même distinguer la trace des joints!

— Certainement, Alfred, répondit Richard; les Chinois ne sont pas aussi stupides que beaucoup de personnes veulent bien le croire. Tu le vois, ces boules tournent l'une dans l'autre. Elles ont été taillées toutes ensemble sur un seul morceau d'ivoire, et non fabriquées à part, puis introduites l'une dans l'autre, comme tu le supposes. Un ouvrier anglais ne voudrait pas essayer de les faire; c'est un travail qui exigerait trop de temps. Un Chinois consacre près d'un mois à la confection d'une seule de ces boules.

— Quelle patience extraordinaire! ajouta Mathilde. Mais ce que j'admire le plus, après mon beau nécessaire, ce sont ces superbes vases que tu as donnés à maman.

— Je les ai fait choisir par d'habiles connaisseurs, dit Richard, et ils ont deux ou trois siècles de date ; car tu sauras que la valeur de la porcelaine chinoise dépend de son ancienneté. La manufacture dans laquelle on les faisait a été dernièrement fermée.

— Quelle en est donc la cause? demanda M. Evans qui entrait dans ce moment. Est-ce parce qu'en Europe on a établi des fabriques de porcelaine, comme celles de Sèvres en France, et de Wedgewood en Angleterre?

— Non, répondit Richard. La chute de cet établissement provient de ce que les empereurs ont négligé d'encourager ses travaux comme ils le faisaient autrefois. Ainsi, on accordait jadis un prix annuel de cent vingt-cinq mille francs à celui qui produisait la pièce la plus élégante. Il existe cependant encore un grand nombre de manufactures de porcelaine; elles emploient, dit-on, un million d'ouvriers; car une simple tasse à thé passe entre les mains de cinquante personnes avant d'être complètement terminée. Ces manufactures se trouvent pour la plupart à King-tith-chin, près du lac Poyang. On y voit, la nuit, tant de fournaises allumées, que la ville entière paraît en feu.

— Je n'aurais jamais cru, dit Elisa, que la confection d'une seule tasse à thé exigeât tant de travail. Comment fait-on la porcelaine, Richard? n'est-ce pas avec une espèce d'argile?

— Oui; avec une argile ou terre très-fine qu'on appelle du kaolin. Mais il serait trop long maintenant de vous décrire tous les procédés employés pour la fabrication de la porcelaine, depuis le moment où l'argile est extraite de la terre jusqu'à celui où les objets achevés sont exposés en vente. C'est, du reste, aux yeux des Chinois, une affaire des plus importantes. Lorsque les porcelaines sont prêtes et emballées, ils offrent un sacrifice à leurs dieux. On rapporte même que, dans une de ces occasions, un jeune garçon se présenta volontairement pour servir de victime et que de grandes bénédictions couronnèrent cet acte de dévouement. Avec tous leurs talents, les pauvres Chinois ne connaissent pas le vrai Dieu; mais nous parlerons une autre fois de leurs croyances idolâtres.

— On voit auprès de Nankin, dans le temple de Pau-ghen-tse, une tour remarquable qui passe pour l'ouvrage le plus solide et le plus magnifique de tout l'Orient. Elle a neuf étages: chacun d'eux est orné d'une corniche et d'un toit couvert de tuiles vernies; les murs sont revêtus de porcelaine. Sa hauteur totale est de deux cents pieds, et elle a environ quarante pieds de diamètre à la base. Les Chinois l'appellent la *tour de Porcelaine.*

— Voit-on en Chine de beaux monuments? demanda M. Evans.

— Je n'ai pu en juger par moi-même, répondit Richard. Cependant, d'après ce que j'ai entendu dire, je ne crois pas que leurs édifices soient fort remarquables; du reste, leur architecture diffère beaucoup de la nôtre. Mais je ne dois pas oublier de vous parler d'une espèce de porcelaine blanche que les Chinois fabriquaient autrefois et dont le secret est maintenant perdu. On en faisait des tasses qui, étant vides, paraissaient d'un blanc mat, mais aussitôt qu'elles étaient remplies de quelque liqueur, des poissons ou d'autres animaux se montraient sur les côtés.

— Ce genre de porcelaine devait être réellement bien curieux, observa Mme Evans. Il paraît que les Chinois excellent aussi dans les ouvrages en soie, car le châle que tu m'as apporté est plus riche et plus fin que tout ce que j'aurais pu acheter ici. Je ne leur accordais pas, je l'avoue, la moitié du talent nécessaire pour en fabriquer de semblables.

— Peu de personnes croient effectivement, reprit Richard, que lorsque les habitants de la Grande-Bretagne étaient, il y a deux mille ans, de misérables sauvages vêtus de peaux, les gens du peuple, en Chine, pouvaient porter des habits de soie. Un de leurs empereurs a publié un livre dans lequel il donne les instructions les plus détaillées sur la manière de filer, de tisser la soie et d'élever les vers qui la produisent; il s'occupe même de la culture des arbres dont les feuilles nourrissent ces vers.

— Des vers! s'écria Alfred. Comment le châle de maman a été fait par des vers?

— Oui, continua Richard; et ces vers sont des êtres jouissant d'une grande considération. Nos jeunes beautés, souvent si fières de leurs toilettes, ne s'enorgueilliraient peut-être pas autant, si elles voulaient se rappeler que ces vêtements splendides qui les font briller dans le monde en les éloignant de Dieu sont dus à une humble chenille.

— Cela est bien vrai, ajouta M. Evans. Dieu nous donne, dans le grand livre de la nature aussi bien que dans sa parole écrite, plus d'une leçon propre à nous humilier. Bien souvent, c'est la fleur la plus humble qui exhale le parfum le plus doux. Le ver rampant lans la poussière, que le moindre tourdi peut écraser, est quelquefois, omme dans ce cas-ci, bien plus utile l'humanité que l'animal mille fois plus gros.

— Ces vers, demanda Alfred, sont-ils semblables à ceux que nous voyons sortir de la terre?

— Oh! non, répondit Mathilde. Tu es trop jeune pour t'en souvenir; mais, il y a quelques années, nous essayâmes, Elisa et moi, d'élever des vers à soie. Ils ressemblent à des chenilles. Nous disions à maman, en plaisantant, que nous lui filerions tant de soie qu'elle n'aurait plus besoin d'acheter des robes; mais nos vers moururent tous avant qu'un mois fût écoulé!

— Vous n'en aviez pas pris assez de soin, observa Richard. Ils sont d'une délicatesse excessive : les odeurs désagréables, certains vents, le courant d'air, une température inégale, une lumière trop vive, l'humidité leur font du mal; les Chinois, prétendant qu'un grand bruit leur est nuisible, les gardent dans des lieux retirés dont ils ne permettent même pas aux chiens ni aux coqs d'approcher. La nourriture des vers à soie réclame aussi une attention minutieuse; en Chine, on leur donne des feuilles de mûrier coupées en petit morceaux avec un couteau fort tranchant pour ne pas les briser. Ces feuilles sont pesées avec soin, et leur quantité varie suivant l'âge des vers; car un excès de nourriture cause leur destruction.

—Que de soins! reprit Elisa. Il n'est pas étonnant, Mathilde, que les nôtres soient morts si vite.

— Les mûriers qui produisent ces feuilles, continua Richard, sont aussi pour les Chinois les objets d'une attention toute particulière. Comme leurs fruits ne sont pas utiles et nuisent à la qualité des feuilles, ils les empêchent de croître; ils ne laissent pousser l'arbre qu'à une certaine hauteur et l'émondent avec soin. Enfin, pour cueillir les feuilles, ils se servent d'une échelle faite de manière à ne pas poser sur les branches. Quelque rapprochés que soient les mûriers, ils ne souffrent pas que le petit espace de terre qui les sépare soit perdu, mais ils y sèment du millet ou des légumes. Le soin qu'ils prennent des bienfaits de la Providence pourrait donner aux chrétiens une leçon utile.

— Tout ce que tu nous as raconté ce soir, Richard, dit M. Evans, nous intéresse vivement en faveur des Chinois. Quel peuple ne deviendraient-ils pas s'ils connaissaient seulement l'Evangile! Oh! comme les chrétiens devraient s'attacher à répandre parmi eux la bonne nouvelle du salut!

— Certainement, ils le devraient, ajouta Mme Evans. Pauvre Chine! continua-t-elle avec un soupir, nous avons bien peu travaillé pour elle!

— Je crois, Mathilde, dit Elisa, que nous pourrions économiser davantage sur l'argent consacré à nos menus plaisirs, et augmenter ainsi ce que nous mettons dans la boîte des missions.

—C'est ce que j'allais dire, répliqua Mathilde; commençons dès ce soir.

—Soyez convaincues, mes enfants, dit Mme Evans, que toutes les petites privations que vous vous imposerez en faveur de la cause des missions, doubleront le charme de vos autres plaisirs. Mais, tout en vous intéressant au sort des Chinois, n'oubliez pas que vous devez d'abord songer à votre propre salut, et porter un vif amour au Sauveur qui a eu la bonté de vous faire vivre dans un pays où son nom est connu.

— Mais, Richard, observa Alfred, j'ai encore beaucoup de choses à te demander ; je vois que tu te lèves, et je n'ai pu te faire presque aucune question.

— Sois tranquille, Alfred, répondit Richard ; je te donnerai avec plaisir tous les renseignements, sur la Chine, que tu pourras désirer. Mais je vois que papa se dispose à faire le culte du soir, et je suis convaincu que demain, lorsque mon oncle et ma tante Hafod seront ici, les Chinois feront encore le sujet de la conversation.

CHAPITRE III.

Souvenirs d'enfance. — Cuisine chinoise; anecdotes à ce sujet. — Nids d'hirondelle. — Fête donnée par Howqua.

Un des plus grands plaisirs de Richard était de revoir les objets qui lui avaient été les plus familiers avant qu'il ne quittât la maison paternelle pour embrasser sa rude et orageuse carrière. Aussi, parcourut-il avec une véritable joie les vieilles promenades, délices de son enfance, et dont les sauvages beautés lui paraissaient, dans ce moment, l'emporter de beaucoup sur l'admirable nature des pays lointains qu'il avait visités.

Vint ensuite le tour des amis muets qu'il avait laissés derrière lui. Mais ici un désappointement réel vint l'attrister : son ancien petit cheval l'avait complètement oublié. En vain Richard fit-il entendre le sifflement d'appel autrefois si connu, l'animal tressaillit, regarda un instant, le visage placé devant lui, et puis reprit tranquillement son repas interrompu de luzerne fraîche. Telle ne fut cependant pas la conduite de Diane, la chienne de Terre-Neuve de Richard. Ce dernier l'avait lui-même élevée : il lui avait appris lui-même à rapporter, à casser des noix, à manger des pommes et plusieurs autres gentillesses.

Lorsque Diane vit approcher son ancien maître, elle reçut d'abord ses caresses avec indifférence ; mais, peu à peu, après l'avoir bien senti, elle parut le reconnaître. Aussitôt, elle se livra à des démonstrations de joie trop claires pour ne pas être comprises. Tantôt elle aboyait, puis elle se jetait sur Richard, appuyait ses pattes de devant sur sa poitrine, léchait ses mains, et lui eût même léché la figure, si on le lui avait permis. S'éloignant ensuite de lui en gambadant et en décrivant des cercles rapides, elle revenait auprès de son maître nouvellement retrouvé, et le dévorait de caresses.

— Pauvre Diane ! dit Mme Evans, qui arrivait avec ses filles, pour accompagner Richard dans une excursion que celui-ci allait faire dans le voisinage, du côté d'un site favori, appelé la Promenade des Torrents. Pauvre Diane! celle-là au moins est contente de te revoir!

— Oui, répondit Richard; je jouirai de ses gambades dans ma promenade : elles me ramèneront aux temps écoulés.

— Je crains cependant, répliqua Mme Evans, que ses devoirs maternels ne la retiennent aujourd'hui à la maison. Elle vient d'avoir une portée de petits chiens. Pauvres créatures! hier on en a noyé quatre.

— Dans ce cas, nous nous passerons de Madame. Mais savez-vous, continua Richard, qu'un natif de la Chine vous accuserait de folie, pour avoir noyé ces petits chiens?

— Que pourrait-on en faire? demanda Elisa. Le jardinier, que j'engageais à les conserver, m'a assuré, qu'en les gardant, on ferait du mal à la mère.

— Un Chinois, répondit Richard, dirait que tu en as fait un très-mauvais usage. A ta place, il les aurait fait cuire pour son dîner, et s'en serait régalé avec toute sa famille. Pour lui, un petit chien est un mets aussi délicat que l'est un bon lièvre rôti pour la plupart des Anglais. En Chine, les chats et certains chiens sont gardés dans des cages et engraissés avec du riz pour être ensuite mangés ; du reste, la population y est si nombreuse, que le peuple se trouve heureux de manger même des souris et des rats. J'ai vu, au marché de Canton, des rangées de ces animaux proprement pelés et apprêtés, comme le font chez nous les bouchers pour les viandes qu'ils exposent en vente. Un jour, un officier anglais, dînant chez un Chinois, mangea, avec beaucoup de plaisir, d'un plat servi devant lui et qu'il crut être fait avec du canard. Voulant cependant savoir au juste à quoi s'en tenir, et ne sachant pas s'exprimer en chinois, il montra le plat en question à un domestique et lui dit : « Quack, quack, quack? » il voulait ainsi imiter le cri du canard et faire comprendre qu'il demandait si ce qu'il venait de manger était de cet animal. Le domestique comprit fort bien ; car, montrant le plat à son tour, il secoua la tête et répondit : « Bow, wow, wow! » aboyant comme un chien, et laissant l'officier digérer son dîner comme il le put, après avoir été ainsi éclairé.

— Il est probable, ajouta Mme Evans, qu'il ne mangea guère au dessert. La rareté des vivres, telle qu'elle existe en Chine, doit être une terrible calamité. Aussi, quelle reconnaissance ne devons-nous pas avoir pour notre bon Père céleste, qui pourvoit si abondamment à tous nos besoins temporels! Je pense cependant, qu'en Chine, la classe élevée ne partage pas des goûts aussi étranges que ceux dont tu viens de nous parler.

— Comme dans tous les pays, reprit Richard, les personnes aisées aiment la bonne chère et font de grands sacrifices pour satisfaire leurs goûts. Ils ont, malgré cela, sur leurs tables, certains mets dont je ne voudrais pas manger. Ainsi, dans un grand repas, offert à l'ambassadeur d'Angleterre, on servit pompeusement un plat composé de sang et de lait de jument. Un officier français nous a raconté, qu'avant un dîner auquel il assista, on fit passer à la ronde, pour mettre les convives en appétit, un plateau couvert de limaces et de vers salés. Il faut convenir, du reste, que les Chinois seraient aussi étonnés, que vous paraissez l'être dans ce moment, si on leur disait que nous mangeons quelquefois du gibier presqu'en putréfaction. J'oubliais de vous dire qu'ils ne goûtent jamais de la chair de vache.

— Pourquoi donc? demanda Mathilde; il me semble qu'ils en feraient de bien meilleurs plats que ceux dont tu nous parles.

— C'est vrai, mais le pauvre Chinois trouve qu'il est bien cruel de reconnaître les services de la vache, qui lui a été si utile, en la tuant pour la manger. Certains nids d'oiseau se vendent en Chine à un prix souvent très-élevé. Ces nids sont construits sur le bord de la mer, par une espèce d'hirondelle particulière à l'île de Java, et se composent, en grande partie, d'une matière glutineuse dont les Chinois sont excessivement friands. Les nids les plus estimés sont ceux dans lesquels l'oiseau n'a jamais déposé d'œufs. On ne les trouve qu'en surmontant de grandes difficultés. Ceux qui les cherchent sont obligés de monter, avec des échelles, le long de rochers taillés à pic, et de ramper dans des grottes obscures, en suivant des sentiers tellement étroits, que le moindre faux pas serait suivi d'une mort instantanée. On fait avec ces nids des soupes considérées comme excellentes, non-seulement par les riches seigneurs de Pékin ou de Canton, mais encore par un assez grand nombre d'Européens.

— Je serais désolée d'être forcée d'en prendre ma part, dit Elisa. Mais que sont les baguettes de table dont j'ai tant entendu parler?

— Ce sont deux petits bâtons en os ou en ivoire qui ressemblent assez à ceux dont vous vous servez pour vos ouvrages de laine tricotée. Les Chinois les tiennent entre deux doigts et, les manœuvrant avec une adresse étonnante, ils s'en servent pour prendre leurs aliments aussi bien que nous le faisons à l'aide de nos fourchettes.

—Est-il vrai, demanda Mathilde, que, dans une volaille, les Chinois mangent tout, excepté les os et les plumes?

— Ils ne perdent absolument rien, répondit Richard. Mais à propos de volailles, leur manière d'attraper le gibier est réellement fort curieuse. Le chasseur met sa tête dans une grosse citrouille creusée et percée de quelques trous qui lui servent à voir et à respirer. Il s'enfonce ensuite dans l'eau jusqu'au cou et jette quelques citrouilles autour de lui. Bientôt le gibier s'approche pour becqueter le fruit; alors notre homme avance adroitement sa main et entraîne sous l'eau tous les oiseaux qui sont à sa portée, sans que ceux-ci aient même le temps de pousser un seul cri.

Le mets favori des Chinois est le porc. Ils ont un proverbe qui dit : « L'étudiant n'abandonne pas ses livres, ni le pauvre son cochon. » Les principes d'économie qui dominent dans toutes les habitudes du peuple n'empêchent pas les classes fortunées de déployer parfois une fastueuse prodigalité. Ainsi, j'ai entendu parler d'un riche marchand de thé, nommé Howqua, qui donna, à propos du soixantième anniversaire de sa naissance, une fête somptueuse dans laquelle il dépensa plus d'un million de francs.

— Il me semble, dit Mme Evans, qu'arrivé à un pareil âge, il aurait pu montrer plus de sagesse. Il est bien triste de voir quelles sommes les hommes consacrent à leurs folies, et combien peu ils consentent à donner pour le service de Dieu. Oh ! si les riches de tous les pays pouvaient se rappeler que leurs biens leur sont confiés par l'Eternel pour être employés à sa gloire, au bien de leurs semblables, et non à la vaine satisfaction de leurs plaisirs égoïstes! Te rappelles-tu, Mathilde, les recommandations à ce sujet que saint Paul adresse à Timothée?

—Les voici, maman : « Recommande
» aux riches de ce monde de n'être point
» orgueilleux, de ne point mettre leur
» confiance dans l'instabilité des riches-
» ses, mais de la mettre dans le Dieu
» vivant qui nous donne toutes choses
» abondamment pour en jouir; de
» faire du bien, d'être riches en bon-
» nes œuvres, prompts à donner et à
» faire part de leurs biens, s'amassant
» ainsi pour l'avenir un trésor placé
» sur un bon fonds, afin d'obtenir la
» vie éternelle. »

— C'est parfaitement cité, Mathilde, ajouta Richard. Espérons que bientôt, reconnue comme la seule loi qui puisse faire le bonheur des hommes, la Parole divine engagera les Chinois et tous les autres peuples à consacrer leurs richesses au service du meilleur des maîtres.

CHAPITRE IV.

Peintures chinoises. — Du thé. — Agriculture en Chine. — Population de ce pays.

En rentrant à la maison, Richard y trouva M. et Mme Hafod qui attendaient son retour de la promenade, et par lesquels il fut accueilli avec la plus grande cordialité. Un moment après, on servit le thé.

— J'admire, dit Mme Hafod, cette

belle boîte à thé : vient-elle de la Chine, Richard ?

— Oui, ma tante, répondit ce dernier. Les fabricants d'objets en laque y travaillent presqu'aussi bien que ceux du Japon. Le vernis en est fait avec le suc vénéneux d'un certain arbuste, et ceux qui se livrent à ce genre d'industrie sont assujettis à de grandes précautions. Il est quelquefois nécessaire, pour réussir, de passer jnsqu'à cinquante couches de vernis.

— Quelle patience soutenue ils déploient dans tous leurs travaux ! observa M. Hafod qui examinait, les uns après les autres, tous les petits ustensiles en ivoire contenus dans un des nécessaires que Mathilde venait de lui montrer.

— C'est vrai, répliqua M. Evans ; mais je ne crois pas qu'ils méritent des compliments pour les dessins peints sur leurs boîtes. Semblables à celles de leurs porcelaines, les couleurs en sont magnifiques, mais ils paraissent ignorer les principes les plus simples du dessin.

— En général, continua Richard, ils n'étudient pas comme nous les ombres et la perspective. Leurs peintres n'ont aussi aucune connaissance dans l'art de flatter, et, bien différents des nôtres, ils ne savent pas faire un joli portrait avec une figure laide. Un négociant établi à Canton m'a raconté qu'un de ses amis, qui avait de grandes prétentions à la beauté, quoiqu'il fût entièrement couvert des marques de la petite vérole, voulut se faire peindre et s'adressa, pour cet effet, à un artiste chinois. Il fut excessivement surpris en voyant que ce dernier prenait un compas. Il lui demanda ce qu'il voulait en faire, et on lui répondit qu'il était destiné à mesurer la distance qui existait sur sa figure entre toutes les traces laissées par la petite vérole.

— Sa vanité dut se trouver bien mortifiée, dit en riant M. Hafod.

— C'était de l'exactitude chinoise dans toute sa force, ajouta Richard. Un Anglais commanda un jour chez un tailleur de Canton, douze pantalons blancs et lui en envoya un pour modèle en lui faisant dire qu'il voulait que les autres fussent faits absolument de la même manière. Ce dernier avait été déchiré au genou et on l'avait raccommodé avec un peu de fil rouge ou noir, le premier enfin qui s'était trouvé sous la main. Quelques jours après, les pantalons neufs arrivèrent, et leur possesseur fut passablement vexé en reconnaissant que, non-seulement ils étaient exactement semblables pour la forme au modèle donné, mais encore que chacun d'eux portait au genou une imitation parfaite de la déchirure raccommodée avec du fil rouge.

— Sur quelle espèce de plante croît le thé? demanda Elisa, lorsque les éclats de rire excités par le récit de cette anecdote eurent cessé.

— Il vient sur un arbuste semblable au myrte, répondit Richard; les fleurs en sont jaunes et très-odoriférantes. Les feuilles sont cueillies au printemps. On les fait ensuite sécher au feu, sur de grandes plaques de fer, en ayant soin de les rouler constamment avec la main. Dans les thés noirs, le meilleur est celui qui est récolté le premier; il s'appelle le hyson-pé-koë. Le souchong, mot qui veut dire petit ou moindre, vient ensuite; on le cueille un peu plus tard que le pé-koë. Le sauout-tchu, ou thé à trois goûts est aussi fort estimé; enfin, le plus commun est le bohen qui se fait avec les feuilles parvenues à leur croissance entière. Il y a aussi plusieurs variétés de thé vert.

— Le thé vert est séché sur du cuivre, n'est-ce pas? demanda Mathilde.

— Du tout, c'est une erreur. Le thé vert ne diffère du thé noir qu'en ce que sa feuille est séchée au feu aussitôt qu'elle est cueillie, tandis que le thé noir, quoiqu'exposé de suite au soleil, subit une légère fermentation avant d'être étendu sur les plaques au-dessus des fourneaux.

— Pourquoi le thé vert est-il généralement dur et roulé comme un grain? dit Elisa.

— Parce qu'on le met sur le feu, comme je vous l'ai déjà dit, à mesure qu'on le cueille; les feuilles étant encore fraîches se roulent et durcissent sous les doigts. Il n'en est pas de même du thé noir qui a commencé à sécher et à se flétrir avant la torréfaction.

— L'arbrisseau qui produit le thé réclame sans doute la chaleur d'un climat tropical? dit M. Hafod.

— On a, au contraire, remarqué, mon oncle, répondit Richard, que le meilleur thé provient du centre de la Chine où le climat est tempéré.

— Tu ne nous as pas dit, observa Alfred, comment s'appelle le thé vert le plus renommé.

— En tête se place le hyson dont les feuilles sont entières, vertes et bien roulées; puis viennent, par ordre de mérite, le thé perlé, le thé poudre à canon et le chulan. On reconnaît les qualités inférieures par l'aspect des feuilles qui sont jaunes et mal roulées. Du reste, la fraude commence maintenant à se glisser dans le commerce du thé; c'est un fait déplorable, mais qui se reproduit malheureusement dans la vente de toutes les denrées dont l'usage est universellement répandu.

— J'ai lu dans les comptes-rendus de la douane, observa M. Evans, que l'année dernière on en a importé en Angleterre cinquante millions de livres.

— Cette énorme quantité n'est encore rien auprès de celle qui se consomme en Chine, continua Richard. Dans la Tartarie, on fait avec du thé des espèces de gâteaux plats, en forme de briques, qui circulent de main en main et tiennent lieu d'argent monnayé dans les affaires commerciales.

— C'est réellement fort curieux. Les Chinois préparent-ils le thé comme nous?

— Non ; ils ne mettent dans le thé ni sucre ni lait. Ils jettent quelques feuilles au fond d'une tasse, répandent dessus de l'eau bouillante et boivent l'infusion ainsi faite. Ils font du thé un usage constant; on peut dire qu'il est, avec le riz, leur aliment national.

— Je ne puis me lasser d'admirer, reprit M. Evans, la charmante description que fait le poète Cowper, d'une soirée d'hiver et de la famille réunie pour prendre le thé qui réjouit, dit-il, sans enivrer. Aussi je trouve que nous nous sommes bien mal conduits à l'égard des Chinois. Depuis deux cents ans, ils nous fournissent un délicieux breuvage qui, tout en resserrant les liens de la société, a beaucoup contribué à répandre parmi nous des habitudes de tempérance, et, en échange, nos commerçants leur portent une vile drogue, l'opium, qui répand partout où il va l'abrutissement et la misère. Comparez, en effet, ces visages heureux, réunis en Angleterre autour de nos tables à thé, avec les êtres dégradés qui fréquentent en Chine les boutiques d'opium, et vous aurez une idée de la manière dont nous avons récompensé le bonheur qu'ils nous procurent.

— Hélas! répliqua M. Hafod, ce que vous dites n'est que trop vrai! Aussi, voudrais-je que tous les chrétiens de l'Angleterre, convaincus de la mission réformatrice qu'ils ont à remplir, s'efforçassent de travailler à la propagation de la vérité en Chine, afin d'y détruire, et les funestes habitudes que nous y avons nous-mêmes introduites, et toutes celles qui les éloignent encore du véritable bonheur.

— Tu as parlé du riz, mon fils, dit Mme Evans; j'ai souvent entendu faire des éloges de l'habileté des Chinois à le cultiver.

— Ils sont très-industrieux, répon-
it Richard, dans tout ce qui concerne
agriculture. Les laboureurs jouissent
n Chine de plusieurs priviléges, et leur
rofession est regardée comme la plus
écessaire au bien de l'empire. On
xcite leur émulation par des hon-
eurs rendus à celui qui s'est fait dis-
nguer par la bonne culture de ses
erres. On les encourage par des fêtes
ompeuses qui se célèbrent, le même
our, dans toute la Chine et dans l'une
lesquelles l'empereur lui-même con-
luit solennellement une charüe et ou-
rre quelques sillons qu'il ensemence
ensuite. Du reste, la population est si
nombreuse que la nation ne pourrait
vivre sans l'application et les efforts
des paysans à tirer du sol tout le parti
possible. On ne perd aucune parcelle
de terrain; c'est encore pour cela qu'ils
font leurs routes tellement étroites.

Dans les champs, les sentiers sont tout au plus aussi larges que vos deux mains. Les cimetières sont toujours placés dans les lieux les plus désolés et les plus stériles du pays. L'empereur est presque le seul qui possède des parcs et des jardins de plaisance d'une certaine étendue; tout est employé utilement; les bords même des précipices sont cultivés au moyen d'hommes suspendus à des cordes.

— Quel peuple industrieux! s'écria M. Evans.

— Ils sont également soigneux, continua Richard, quand il s'agit de recueillir les substances propres à fertiliser la terre. Ils ramassent tout : la chaux, les cendres, le plâtre, même les débris des cheveux coupés dans les boutiques des perruquiers.

— Quel est donc le chiffre de la population chinoise? demanda Mme Hafod.

— Quelques-uns disent deux cent millions; mais les meilleurs juges l'évaluent à trois cent cinquante.

— C'est presque le tiers de la population du monde entier.

— Effectivement, reprit M. Evans. Aussi, n'est-il pas affligeant de savoir que tant de créatures immortelles n'ont jamais entendu même prononcer le nom d'un Sauveur? Ah! nous devons prier et agir sans relâche pour qu'une portion aussi considérable du monde païen devienne bientôt un des royaumes de Dieu et de son Fils Jésus-Christ.

— Oui, nous devons le faire, continua M. Hafod. Assiégeons le trône de la grâce en faveur de ces trois cent cinquante millions de pécheurs infortunés qui sont « sans espérance et » sans Dieu dans le monde. » Comme il devrait raisonner aux oreilles de ceux qui connaissent le prix de l'âme, le cri de ces multitudes qui périssent faute de lumière!... Puisse le Seigneur de la moisson envoyer des ouvriers dans ce vaste champ! Et nous, qui habitons un pays comblé de tant de bénédictions spirituelles, puissions-nous apprendre à en faire, pour nos âmes et pour le salut des hommes, un usage qui réponde plus dignement aux vues de l'Eternel, qui ne veut pas que sa parole retourne à lui sans avoir produit l'effet pour lequel il l'a envoyée.

CHAPITRE V.

Grande muraille de la Chine. — Le canal impérial. — Ville flottante de Canton. — Jonques chinoises. — Charettes poussées par le vent.

Bientôt après le départ de M. et de Mme Hafod, les membres de la famille Evans se disposèrent aussi à se retirer pour la nuit. Mais Elisa, Mathilde et Alfred avaient encore quelques questions à faire à leur frère.

— Papa, dit Mathilde, j'ai souvent entendu parler de la grande muraille de la Chine : voudrais-tu permettre à Richard de nous en dire quelques mots?

— Je suis fâché, répondit M. Evans, de ne pouvoir vous accorder ce plaisir; mais Richard a été obligé ce soir de répondre à tant de questions qu'il doit être fatigué, et vous feriez bien de lui accorder un peu de repos.

— Je crains, en effet, Mathilde, ajouta Richard, que papa n'ait raison; il faut que j'aille me coucher. Cependant, nous allons faire ensemble un arrangement. Demain, j'ai besoin de me lever de bonne heure pour mettre de l'ordre dans mes papiers, et si vous voulez venir me trouver avant le déeûner, je vous raconterai tout ce que e sais, non-seulement sur la grande nuraille, mais encore sur le canal mpérial.

— C'est convenu, dit Elisa ; aie soin d'être levé assez tôt, car tu peux être sûr qu'à sept heures nous frapperons à ta porte.

— Soyez tranquilles, reprit Richard en souriant, vous me trouverez prêt; se lever avant sept heures n'est rien pour celui qui a été habitué à faire le quart du jour (1). Je vous dirai, à propos de cela, que tous les Chinois ont l'habitude de se lever de fort bonne heure. Un de leurs proverbes dit que celui qui veut amener à bonne fin une

(1) Dans la marine, on donne le nom de *quart* au temps pendant lequel une partie de l'équipage d'un navire reste, pour la manœuvre, sur le pont. Le quart du jour commence à quatre heures et finit à huit heures du matin.

affaire importante doit s'en occuper dès le point du jour. Le commissaire *Lin*, dernièrement vice-roi de Canton, avait l'habitude de recevoir ses visiteurs à partir de quatre heures du matin, et l'empereur lui-même donne à sa cour un aussi bon exemple.

— Il serait à désirer, observa Mme Evans, que les chrétiens sussent apprécier la valeur du temps.

Le lendemain, au moment où sept heures sonnaient à l'horloge, Elisa et Mathilde frappèrent à la porte de la chambre de Richard, qu'elles trouvèrent occupé à examiner des papiers rangés devant lui.

— Je cherchais, pour vous la donner, dit ce dernier, une vue de la muraille de la Chine, que j'ai copiée dans le voyage de Staunton.

— Tu ne l'as donc pas vue ?

— Oh ! non ; elle est située à l'extrémité de l'empire, opposée à celle que j'ai visitée; du reste, les voyageurs européens qui l'ont vue sont en bien petit nombre.

— Elle est très-ancienne, n'est-ce pas ?

— Oui ; elle fut bâtie il y a plus de deux mille ans, par un empereur appelé Tsinchi-Hoang-ti, qui voulait ainsi opposer une barrière aux incursions des Tartares en Chine. Autrefois, on attachait aux murailles, comme moyens de défense, beaucoup plus d'importance qu'aujourd'hui ; vous en avez de fréquents exemples dans les saintes Ecritures. La grande muraille de la Chine commence à la mer et s'étend sur une longueur de cinq cents lieues ; sa hauteur moyenne est de trente pieds, et elle est assez large pour qu'à son sommet six cavaliers de front puissent la parcourir. Elle passe par-dessus les collines les plus élevées, suit le bord des précipices, descend dans les vallées les plus profondes, et s'étend même sur les rivières au moyen de ponts qui la supportent. Elle est flanquée d'environ trois mille tours. La base de cette muraille est de grosses pierres de taille, et la partie supérieure est faite avec des briques liées entre elles par du ciment ; le tiers des habitants de l'empire fut, dit-on, employé à la bâtir.

— Quelle énorme quantité de matériaux il a dû falloir pour élever une pareille muraille !

— Certainement ; on a calculé qu'elle contient assez de briques pour bâtir toutes les maisons de la Grande-Bretagne, ou pour élever un mur de douze pieds de hauteur sur quatre d'épaisseur, faisant le tour du monde entier.

Le canal impérial traverse tout l'empire, du nord au sud, sur une longueur de six cents lieues. On a commencé à le former en joignant plusieurs rivières entre elles ; mais dans les lieux où celles-ci manquaient, il a fallu y suppléer par des travaux d'art. On ne s'est laissé arrêter par aucun obstacle ; quand le terrain s'est trouvé trop haut pour que l'eau pût y couler, on l'a abaissé jusqu'au niveau convenable, et là où le sol était au contraire trop bas, on l'a élevé au moyen de remblais. Les Chinois construisent aussi des ponts remarquables par leur hardiesse et leur beauté. Enfin, le croiriez-vous? il y a sur la rivière de Canton, une ville flottante habitée par plus de deux cent mille personnes.

— Une ville flottante! s'écria Mathilde.

— Oui, continua Richard, ce sont des bateaux couverts, formant des rues et dans lesquels vivent des familles entières.

— C'est un goût assez curieux. Et ne vont-ils jamais à terre ?

— Le mari, répondit Richard, va y travailler le matin ; mais la femme reste au logis pour y vaquer aux soins de son ménage ; et je vous assure que ces maisons flottantes sont aussi propres que bien tenues.

— N'ont-ils pas peur que les enfants ne tombent dans l'eau et se noient ?

— Cela arrive souvent ; mais la tendresse maternelle n'est pas, je dois l'avouer, très-développée chez les femmes chinoises. Elles s'inquiètent peu de la mort d'un enfant, surtout quand il est du sexe féminin. Cependant, les personnes qui habitent sur la rivière attachent au cou de leurs enfants un morceau de bois qui les fait flotter, la tête en haut, quand ils tombent dans l'eau.

Les navires chinois ont un aspect très-original ; ils sont recourbés, très-élevés à l'avant et à l'arrière, carrés aux deux extrémités, et portent deux grandes voiles formées de nattes réunies par bandes. Leurs mâts sont couverts de pavillons et de banderolles aux couleurs éclatantes ; on leur donne le nom de *jonques*. Celles du gouvernement ont toutes un œil peint à la poupe, et les natifs croient que, s'ils faisaient la contrebande, ces yeux les verraient. Nous en capturâmes une au large de Ning-po, et je demandai au capitaine ce que signifiait cet œil représenté sur son navire. Il me répondit : S'il a un œil, il peut voir ; s'il voit, il peut savoir ce qui se passe. S'il n'a pas d'œil, il ne voit pas ; s'il ne voit pas, il ne sait pas.

— Quelle sotte idée !

— Nos matelots ne sont pas plus

sensés, lorsqu'ils croient qu'un chat noyé porte malheur au navire, ou qu'en sifflant ils font venir un vent favorable.

— Je m'étonne, dit Elisa, que la vue de tant de beaux navires européens n'engage pas les Chinois à changer la lourde forme des leurs.

— Cela ne se peut pas, continua Richard. Une loi, promulguée depuis plusieurs centaines d'années, ordonne de les construire ainsi; et celui qui s'aviserait de faire autrement serait puni. Je crois, cependant, qu'en dépit de la loi, ils ont essayé de construire, sur le modèle des nôtres, un vaisseau à deux ponts, dont l'escadre anglaise s'est emparée à la prise d'Asnoy. Avec tout cela, on remarque dans leurs jonques une installation excellente.

— Quelle est-elle?

— Ils partagent leurs cales en plusieurs compartiments hermétiquement séparés les uns des autres; de telle sorte que si le navire vient à toucher sur une roche, une seule des divisions se remplit d'eau, et la jonque est aisément maintenue à flots.

— Cela me paraît aussi utile que simple : pourquoi n'en fait-on pas autant chez nous?

— Nous le faisons sur les navires destinés au transport des grains et sur les bateaux à vapeur construits en fer. En adoptant partout cette installation, on éviterait une foule de malheurs.

— C'est au moins une bonne leçon, messieurs les marins, que les Chinois vous ont donnée.

— C'est vrai. Mais que direz-vous lorsque je vous apprendrai qu'ils ont des bateaux qui vont à la voile sur la terre ferme?

— Comment cela se peut-il ? demandèrent les deux sœurs en même temps.

— Sur quelques-unes de leurs routes étroites, ils se servent de charrettes légères faites avec des bambous ; au lieu d'y atteler des chevaux, ils y attachent une voile et le vent les pousse, tandis qu'un seul homme les dirige en les tenant à peu près comme nos paysans tiennent leurs brouettes.

— Sur ce genre de navire on ne craint pas de se noyer, dit Mathilde. C'est précisément ce qu'il faudrait pour des marins d'eau douce, comme Elisa et moi.

— Je suis de cet avis, répliqua sa sœur. Mais il faut qu'ils soient bien ingénieux pour avoir eu une pareille idée.

— Les idées ingénieuses ne manquent pas aux Chinois, dit Richard ; malheureusement, elles ne leur profitent pas beaucoup, tant qu'ils ignorent la science, qui seule peut les rendre « sages à salut. » Le plus pauvre enfant de nos écoles du dimanche, qui sait et croit de tout son cœur que « Jésus- » Christ est venu au monde pour sauver » les pécheurs dont » il est « le pre- » mier, » connaît une vérité que tout le génie et toute la sagesse de la Chine ne pourraient jamais découvrir.

CHAPITRE VI.

Villes chinoises. — Canton. — Palanquins. — Suite d'un mandarin. — Mauvaise foi des marchands. — Monnaies ayant cours en Chine.

J'AURAI besoin de toi ce matin, Richard, dit Mme Evans à son fils, quelques jours après celui dans lequel avait eu lieu la conversation que nous avons rapportée dans le chapitre précédent. Nous allons, Elisa et moi, à Barmouth ɔour y faire quelques emplettes, et, si u n'as aucun engagement, je désire-'ais que tu vinsses avec nous.

Richard se mit volontiers à la dis-ɔosition de sa mère, et, après une lemi-heure de marche le long d'un sentier agréable, ils entrèrent tous les rois dans la principale rue de Bar-nouth.

— Tu ne nous as rien dit des villes chinoises, observa Mme Evans. Com-nent sont-elles ?

— Canton est celle que je connais e mieux. Je n'ai vu les autres qu'au nilieu des horreurs de la guerre, quand tous leurs habitants les avaient abandonnées.

— Quelle est la population de Can-on ?

— On lui donne plus d'un million d'habitants.

— Ce doit être une fort grande ville ?

— Non, pas précisément. Elle n'a pas plus de deux lieues et demie de tour. Aussi les rues en sont très-étroites et toujours encombrées par la foule ; elles portent habituellement des noms pompeux, tels que ceux de : rue de la Fleur-d'Or, rue du Dragon qui vole. A l'extrémité de chacune d'elles se trouve une porte qui est, pendant la nuit, fermée avec soin.

— Cela doit être fort incommode pour ceux qui, la nuit, ont besoin de sortir de leur quartier.

— Pour un cas de nécessité absolue, on obtient la permission de faire ouvrir la porte. Mais cette précaution est fort utile pour se défendre des voleurs qui cherchent à pénétrer dans les maisons ; car, en donnant l'alarme, on les prend sans peine.

— Les Chinois sont donc, comme nous, inquiétés par des voleurs?

— Certainement, et ces voleurs sont

très-adroits. Au lieu de forcer les portes ou les fenêtres, ils creusent un passage sous les murs de la maison, et s'introduisent ainsi dans l'intérieur. Mais, pour en revenir aux rues de Canton, on voit, dans la plupart d'entre elles, des tours construites en bambou et assez hautes pour dominer les maisons; un homme de veille est placé au sommet, afin de donner l'alarme dès qu'un incendie se déclare.

— C'est probablement à cet usage que le Psalmiste faisait allusion, reprit Mme Evans, lorsqu'il écrivait : « Si » l'Eternel ne garde la ville, celui qui » la garde veille en vain. » Cet avertissement, et ceux qui le suivent dans le même chapitre, sont bien nécessaires, puisque, dans toutes les affaires de la vie, nous consumons inutilement notre travail et nos forces, si l'Eternel ne les bénit.

— Ce qui se passe à Canton prouve la vérité de cette observation, continua Richard. Malgré toutes les précautions, il n'est pas de lieu qui soit plus fréquemment désolé par le feu. J'ai encore vu dans les journaux, il y a peu de jours, l'annonce d'un incendie qui a détruit une grande partie de la ville. Les rues y sont tellement étroites que le feu se propage avec une rapidité effrayante ; quelques-unes d'entre elles n'ont pas plus de six à huit pieds de largeur, et on en voit dans lesquelles il n'y a guère que deux pieds d'espace entre les maisons opposées.

— Comment peut-on circuler dans de pareilles rues ? Il me semble qu'elles doivent être continuellement obstruées par les voitures et les charettes.

— Pour ce qui est des voitures, on n'en voit pas. Parmi les présents que Lord Macartney, ambassadeur d'Angleterre, avait avec lui, il s'en trouvait une fort belle qu'il devait offrir à l'empereur Kien-Long. Elle excita d'abord l'admiration des mandarins ; mais dès qu'ils surent que le cocher y occupait un siége plus élevé que celui de leur souverain, ils ne voulurent plus en entendre parler.

— Quelle objection absurde! Par quoi remplacent-ils les voitures quand ils veulent voyager?

— Ils se servent de chaises à porteurs, ou palanquins parfaitement installés. Les Chinois en ont une si haute idée, qu'un de leurs griefs, contre nos compatriotes à Canton, venait de ce que les Barbares, comme ils nous appelaient, avaient l'insolence de s'en servir. Du reste, nous avons aujourd'hui passablement châtié leur orgueil.

— Je ne comprends pas qu'ils aient

pu attacher la moindre importance à une pareille bagatelle.

— Votre étonnement cesserait, si vous connaissiez les règles d'étiquette qui dirigent tous leurs actes extérieurs et auxquelles sont assujettis les Chinois, dans les voyages, dans les fêtes, dans les visites, et même quand ils sortent tout simplement de chez eux. Les mandarins ne paraissent jamais en public qu'entourés d'une certaine pompe. La marche est ouverte par deux hommes qui frappent sur des gongs pour annoncer l'approche de leur maître ; derrière eux viennent des officiers portant des enseignes déployées, des tablettes sur lesquelles sont inscrits les titres, les qualités particulières du mandarin, les symboles de son emploi ; après ceux-ci, marchent les gardes et deux officiers armés de cannes pour éloigner le peuple. Enfin, paraît le grand homme lui-même, porté dans sa chaise par huit valets et entouré de pages, de porteurs d'écrans, de parasols et de diverses choses à son usage. Il est une partie de l'escorte que j'oubliais : ce sont les officiers de justice, dont quelques-uns sont armés de fouets; d'autres, de bambous, pour donner la bastonnade; d'autres, de chaînes ou de coutelas.

— A quoi servent-ils ?

— A tenir le peuple en respect devant le mandarin. Un jour, dans une fête donnée par Lord Amherst au vice-roi de Canton, quelques Chinois pressèrent ce dignitaire de trop près. Il fit un signe aux gens de sa suite ; ceux-ci saisirent l'homme le plus rapproché, lui passèrent une corde d'arc autour du cou et le laissèrent à moitié étranglé sur la place.

— Quelle indigne barbarie ! s'écria Mme Evans.

— Les Chinois ont-ils des boutiques? demanda Elisa.

— Beaucoup et, en général, elles sont tenues avec une propreté et un ordre parfaits. Les Chinois sont d'excellents hommes d'affaires ; j'ai souvent admiré l'adresse avec laquelle ils procèdent. Dans les magasins, ils font beaucoup de travail en peu de temps, parce que chaque chose est conservée à sa place. Sur les murs de leurs boutiques, on voit des écriteaux portant des avertissements utiles, tels que ceux-ci : « Se tenir longtemps assis et parler beaucoup nuisent aux affaires ; — certains acheteurs ont précédemment inspiré des soupçons ; on ne donne rien à crédit. » Je dois cependant ajouter que les boutiquiers chinois cherchent à surfaire, absolument comme leurs confrères d'Europe. Ils ont recours à une foule d'artifices pour tirer le meilleur parti de leurs marchandises, et plusieurs d'entre eux ne sont rien moins qu'honnêtes. Ainsi, quand nos pourvoyeurs allaient au marché pour y acheter une volaille, ils étaient obligés de l'examiner de près avec la plus grande attention, parce qu'il y avait dix chances pour une que l'animal était bourré de sable pour paraître plus lourd et plus gros. Leurs fripponneries sont avec cela alliées à tant d'adresse, qu'on en rit souvent malgré soi. Je me rappelle, entre autres, un fait qui nous amusa beaucoup. La table des aspirants avait fait venir de Canton une caisse pleine de jambons fumés; nous n'eûmes pas l'idée de l'ouvrir avant le moment où on voulut en faire usage en mer. Ceux placés au-dessus furent trouvés excellents; mais notre désappointement fut des plus grands, en découvrant que tous les autres étaient en bois couvert de cuir, et peints avec tant d'art qu'au premier abord, il était impossible de distinguer s'ils étaient vrais ou faux. Les Chinois ont un tel amour pour l'argent qu'ils ne reculent devant aucune ruse capable de leur en procurer.

— C'est une fâcheuse disposition, observa Mme Evans. Comment est la monnaie qui a cours en Chine ?

— C'est la piastre espagnole qui circule le plus. La véritable monnaie chinoise est carrée, en cuivre, et percée au milieu d'un trou qui permet de l'enfiler sur un cordon. Les piastres espagnoles sont généralement en Chine tout-à-fait défigurées ; car chacune des personnes entre les mains desquelles elles passent, les perce avec un poinçon afin d'enlever un peu de métal.

— Pourquoi font-ils cela ?

— Pour en retirer un bénéfice, je pense. C'est, du reste, semblable à ce que font chez nous les fripons qui rognent les monnaies légales. Dernièrement, les Chinois ont fondu des pièces d'argent, auxquelles ils ont donné le nom de *sycee,* et dont ils se sont servis pour nous rembourser les contributions de guerre; nous en avons reçu plusieurs charretées, et ce n'est pas volontiers qu'ils nous les ont livrées; car il n'est rien qu'ils détestent comme de voir l'argent sortir de leur pays.

— Ont-ils de l'or monnayé ?

— Non pas que je sache. J'ai entendu dire qu'autrefois ils remplaçaient les monnaies par des perles et par des écailles de tortues.

— C'était un monnaie assez singulière.

— C'est celle qui est le plus communément répandue dans les pays sauvages. Vous savez que le pauvre voyageur Lander fut assassiné, en Afrique, à cause d'un chargement de coquilles qu'il avait dans son bateau. On a toujours considéré la circulation des billets de banque, à la place de l'or, comme une des merveilles de la civilisation européenne. Si mes souvenirs sont exacts, il n'y a que deux cents ans, tout au plus, que nous en connaissons l'usage, tandis qu'en Chine on s'en sert depuis plusieurs siècles. Ainsi, ils ont, dans toutes les principales villes de l'empire, des banques semblables aux nôtres.

— Nous avons beaucoup parlé, Richard, dit Mme Evans, de l'amour que les Chinois ont pour l'argent. Puissent-ils bientôt savoir apprécier les richesses incompréhensibles de Christ, les préférer à tous les biens de la terre, et employer leur intelligence à l'acquisition des trésors du ciel, où les vers et la rouille ne gâtent rien, et où les larrons ne percent ni ne dérobent !

CHAPITRE VII.

Cercueils des Chinois. — Vénération pour les ancêtres. — Cartes de visite. — Mariages. — Pieds des femmes chinoises. — Condition des femmes en Chine.

Après que Mme Evans eut fait ses emplettes, elle se disposa à quitter Barmouth, avec ses enfants, pour retourner chez elle. Comme ils avançaient dans la rue, le glas d'une cloche funèbre vint leur annoncer qu'un enterrement allait avoir lieu.

— Ah ! dit sérieusement Mme Evans, voilà un son qui nous apprend que quelqu'un vient encore d'être rappelé dans sa demeure éternelle.

— J'ai toujours été étonné, reprit Richard après un moment de silence, en voyant comme on apprend peu à peu, dans la marine, à considérer la mort avec indifférence. Dans un combat, nos compagnons tombent tout autour de nous, sans que nos cœurs en soient sérieusement affectés. Tout nous rappelle l'instabilité de notre existence, et cependant nous ne songeons pas à nous préparer à mourir. A certains égards, les Chinois pourraient à ce sujet nous donner une leçon. Ainsi, pour conserver dans son esprit la pensée de la mort, leur empereur est obligé de faire préparer son cercueil le jour même où il monte sur le trône.

— C'est un usage assez différent des cérémonies pompeuses avec lesquelles nous couronnons nos rois, observa Mme Evans. Aussi est-il à craindre que, dans ces occasions, plusieurs princes ne soient portés à oublier les enseignements solennels que pourraient leur donner, dans l'abbaye de Westminster, les tombes rangées autour d'eux (1).

— Les peuples orientaux, continua Richard, paraissent avoir tous eu cette habitude de placer ainsi le souvenir de la mort sous les yeux des vivants. Vous vous rappelez, sans doute, que les Egyptiens introduisaient un squelette

(1) C'est dans la magnifique église de l'abbaye de Westminster, à Londres, que l'on voit la sépulture des rois et des grands personnages qui ont illustré l'Angleterre.

au milieu de leurs festins. En Chine, le peuple s'imagine qu'en se disposant à mourir, on prolonge son existence. Aussi, les gens de la classe populaire préparent leurs draps mortuaires pendant leur vie, et font faire leurs cercueils quand ils sont en bonne santé. Ces derniers sont confectionnés en planches très-épaisses de bois de cèdre, et apportés, au son de la musique, chez ceux auxquels ils sont destinés.

— Les Chinois, dit Mme Evans, montrent, dans tous les cas, plus de prévoyance à cet égard que beaucoup d'entre nous. Car, hélas ! nous ne nous occupons trop souvent que des moyens d'éloigner de nos yeux tout ce qui pourrait nous rappeler notre fin dernière. C'est un bien grand privilége que d'être uni, par la foi, à ce gracieux Sauveur qui est venu, comme nous le dit l'Apôtre, pour « délivrer

» tous ceux qui, par la crainte de la
» mort, étaient toute leur vie assujettis
» à la servitude! »

— Le gouvernement chinois, continua Richard, ayant pour base la piété filiale, les anciens législateurs de ce peuple ont cru que le meilleur moyen d'entretenir la pratique de cette vertu était de rendre aux morts des témoignages continuels de cette vénération. D'après cela, ils ont prescrit une foule de cérémonies qui se célèbrent, d'abord à la mort des parents, et ensuite dans les deux visites que tous les Chinois sont tenus de faire, chaque année, à la tombe de leurs ancêtres. Ils brûlent, sur ces tombes, des découpures de papier doré représentant des monnaies, des habits, des maisons, des domestiques; ils croient que, dans l'autre monde, ces divers objets sont aussi nécessaires que dans celui-ci, et que leurs ancêtres, après cette cérémonie, les reçoivent sous leur forme réelle.

— Je ne comprends pas, Richard, observa Elisa, qu'ils puissent être assez insensés pour croire à de pareilles folies.

— Ils n'en sont que plus à plaindre, répliqua Mme Evans. Leur ignorance est le fruit naturel de leur idolâtrie. Ils ne savent rien, hélas ! des terribles réalités du monde invisible !

— Il n'en résulte pas moins, dit Richard, qu'un profond sentiment de piété filiale est devenu le trait dominant de leur caractère. Après la prise de Ning-po, nous vîmes une foule d'habitants effrayés qui prenaient la fuite, en emportant avec eux les cercueils de leurs parents. Nos matelots, s'attendant à les trouver pleins d'argent ou d'objets précieux, fouillèrent dans plusieurs tombes et furent vivement désappointés en ne rencontrant que des cadavres.

— Il y avait effectivement de quoi les surprendre, dit Mme Evans. Mais nous voici devant la porte du docteur Amyl ; il faut que j'y dépose une carte pour sa fille, qui doit se marier la semaine prochaine.

— C'est ce que j'ai entendu dire. Savez-vous que, pour renfermer des cartes de visite chinoises, il faudrait des carnets bien autrement grands que les vôtres ?

— Comment cela ? demanda Mme Evans ; est-ce qu'en Chine on se sert aussi de cartes de visite ?

— Oui, et elles sont assez grandes. Ainsi, on en voit qui ont treize pieds de longueur sur huit de largeur.

— Treize pieds de longueur sur huit de largeur ! répétèrent à la fois Mme Evans et sa fille étonnées.

— Certainement ; les Chinois mesurent le respect qu'ils témoignent à la dimension de leurs cartes.

— Eh bien ! Mlle Amyl serait, je crois, passablement intriguée, si je déposais chez elle une carte de cette espèce ; d'ailleurs elle ne pourrait passer par la porte, il faudrait la faire entrer par la fenêtre. Dans tous les temps, la mode a été remarquable par une foule d'absurdités, mais jamais je n'en avais entendu citer une aussi risible. Tu nous as beaucoup parlé des Chinois, sans nous dire cependant un seul mot de leurs mariages.

— Il n'est pas de pays au monde, répondit Richard, dans lequel il importe plus à un homme d'être marié ; car il ne jouit d'aucune considération, tant qu'il n'est pas père de famille.

— J'ai cependant entendu dire que

les maris n'y sont pas très-bons pour leurs femmes.

— Comme dans tous les pays qui ne sont pas soumis à l'influence du christianisme, les femmes n'obtiennent en Chine aucun égard. C'est à peine si, dans une famille, les filles sont comptées pour quelque chose. Quand un enfant du sexe féminin vient à naître, on le considère tellement comme un objet inutile, que toute la maison retentit de pleurs et de lamentations.

— Il faut avouer, dit Mme Evans, que de pareils procédés sont peu flatteurs pour notre sexe.

— C'est une manière d'agir tout-à-fait barbare. En grandissant, les filles ne sont pas beaucoup mieux traitées; dès leur enfance, on serre leurs pieds dans des bandelettes afin de les leur faire paraître plus petits. Pour atteindre ce but, on tient les quatre doigts repliés sous la plante du pied dont l'orteil seul forme la pointe.

— Quelle coutume cruelle ! Comment peuvent-elles marcher ainsi ?

— Elles se traînent clopin-clopant en s'appuyant sur des béquilles. Quant à ce qui est de la cruauté et de l'absurdité de cette mode, les mères anglaises auront le droit de la critiquer lorsqu'elles auront renoncé à serrer leurs filles dans un corset, ou à leur percer les oreilles pour y passer des boucles.

— Effectivement, Richard, je crois que nous ferons mieux de ne pas trop nous élever contre les folies des Chinois, tandis que nous en avons un si grand nombre à blâmer chez nous. Cet usage de torturer le pied est-il universellement répandu ?

— Non, la plupart des dames d'origine tartare s'en dispensent. Dernièrement, l'empereur a même fait paraître une proclamation dans laquelle il s'élève contre cet usage et il annonce, qu'ayant l'intention de choisir quelques femmes, il n'admettra, pour concourir à cet honneur, aucune de celles dont les pieds auront été déformés. — Quand une jeune fille est parvenue à un certain âge, il lui est interdit de se montrer et dès qu'elle a quatorze ou quinze ans, ses parents songent à lui trouver un mari.

— A quatorze ans? demanda Mme Evans.

— Oui, si une jeune fille atteint l'âge de dix-huit ans sans être mariée, il faut qu'elle se résigne à la probabilité de passer sa vie dans le célibat. Dès que les parents ont trouvé un jeune homme convenable, ils en parlent à son père et à sa mère et, si ces derniers y consentent, le mariage est arrêté; pendant ce temps les fiancés ne se voient jamais. Au jour fixé pour la cérémonie, la jeune fille est mise dans une chaise à porteurs, et transportée, en grande pompe, dans la maison de son mari qui l'attend à la porte et qui reçoit alors la clé de la chaise ; comme vous devez le penser, il se hâte de l'ouvrir, afin de juger de sa bonne ou de sa mauvaise fortune. Quelquefois, trouvant sa fiancée trop laide, il referme la chaise, paie aux parents de la jeune femme une somme d'argent, et la renvoie chez elle.

— Il ne peut y avoir que bien peu de bonheur dans le mariage, observa Mme Evans, quand il se fait ainsi.

— En Chine, la vie des femmes mariées est généralement rendue bien amère par la contrainte dans laquelle elles sont tenues, et par le pouvoir despotique que leurs belles-mères exercent sur elles. Le mari jouit en outre du droit de demander le divorce pour divers motifs, parmi lesquels on compte le babil.

— Dans ce cas, je ne pense pas que les demoiselles anglaises soient jamais tentées d'aller en Chine pour y trouver des maris.

— La triste condition des femmes chinoises, continua Richard, est encore un des motifs qui devraient nous exciter à redoubler d'efforts pour répandre dans leur pays la connaissance de l'Evangile. Le christianisme peut seul apporter un remède aux maux qui les affligent; partout où il domine, la femme occupe, dans l'échelle sociale, la place qui lui revient, et contribue au bonheur du foyer domestique, en employant activement les dons et les grâces qu'elle a reçus du Créateur.

— J'espère, reprit Mme Evans, que le Tout-Puissant fera mieux comprendre à toutes les femmes de la Grande-Bretagne qu'elles ont un devoir sérieux à remplir : celui de contribuer, par leurs dons et par leurs prières, à l'émancipation de leurs sœurs de la Chine, aujourd'hui courbées sous le joug dégradant qu'enfantent l'ignorance et l'idolâtrie. Dieu a promis qu'il donnerait « les nations pour héritage à son Fils, » et pour sa possession les bouts de la » terre. » Cette promesse doit encourager nos efforts, activer notre zèle ; car, si nous savons que « celui qui » croit au Fils a la vie éternelle, » nous devons aussi nous rappeler les paroles de saint Paul : « Comment croi» ront-ils en Celui duquel ils n'ont » point ouï parler ? Et comment en » entendront-ils parler, s'il n'y a quel» qu'un qui le leur prêche? Et com» ment le prêchera-t-on, s'il n'y en » a pas qui soient envoyés ? »

CHAPITRE VIII.

Poissons dorés. — Combat de grillons. — Arbres nains. — Amusements des Chinois. — Fête des lanternes.

— RICHARD, dit Mathilde à son frère lorsqu'il fut revenu de sa course en ville, regarde nos plants de géranium : comme ils viennent bien ! Aide-moi à les arroser ; car Elisa était si pressée, ce matin, pour sortir avec toi, qu'elle les a complètement oubliés.

— Je t'aiderai avec plaisir, chère Mathilde. Mais regarde Phyllis, ton canari ; tu as certainement oublié

3.

aujourd'hui de lui donner des graines fraîches.

— J'en apporte de la ville, dit Elisa, qui venait dans ce moment rejoindre sa sœur. Tiens, Phyllis ! joli petit Phyllis, continua-t-elle, vois-tu le bon dîner que tu vas avoir ?

Phyllis remercia sa jeune maîtresse par un gazouillement encore plus gai que d'habitude, et se mit à becqueter le millet dont on venait de remplir sa mangeoire.

— Je suis sûre, dit Elisa, que dans tous tes voyages, tu n'as pas vu un canari aussi gentil que Phyllis. Les dames chinoises soignent-elles, par plaisir, des oiseaux qui chantent ?

— Certainement ; elles sont aussi passionnées pour les fleurs et pour les oiseaux que les dames anglaises peuvent l'être. Elles gardent, de même, dans leurs appartements, des poissons dorés et argentés; vous savez, du reste, que c'est de la Chine qu'ils nous ont été primitivement apportés. Les dames chinoises ont encore un autre animal favori dont vous ne vous douteriez pas; c'est le hanneton. Elles en remplissent des cages élégantes qu'elles tiennent dans leurs salons.

— Ce ne sont certainement pas des hannetons noirs?

— Oh! non, ils sont d'un beau vert d'émeraude entremêlé de bleu et de rouge. Les gens du peuple élèvent aussi des grillons qu'ils dressent à se battre entre eux. Pour cela, ils en mettent deux dans un bol et les chatouillent avec des plumes ; au bout de quelques instants, les deux insectes s'élancent l'un sur l'autre, et combattent avec fureur jusqu'à ce que l'un des deux soit mis en pièces.

— Quelle barbarie! s'écria Mme Evans

qui venait de s'approcher avec son mari. C'est aussi affreux que les combats de coqs de nos paysans. La cruauté à l'égard des animaux d'un ordre inférieur, que la Providence a répandus autour de nous, m'a toujours paru un des vices les plus odieux. J'espère que tu pourras nous citer quelqu'autre amusement des Chinois meilleur que les combats de grillons. Mais dis-nous, d'abord, ce que sont ces arbres nains dont j'ai quelquefois entendu parler.

— Ce sont des arbres tout-à-fait semblables aux grands, mais en miniature, et pas plus hauts que vos géraniums. Je ne saurais vous expliquer les moyens qu'ils emploient pour obtenir un résultat si curieux. Rien n'est élégant comme l'aspect de ces arbres dans un appartement, et ils se conservent pendant fort longtemps, car j'en ai vu qui avaient plus d'un demi-siècle.

— On prétend que les Chinois sont très-adonnés aux plaisirs, reprit Mme Evans.

— C'est un trait de leur caractère qu'on ne saurait précisément blâmer, observa M. Evans, si leurs amusements sont d'une nature convenable. De nos jours, on émousse beaucoup les facultés du corps et de l'esprit par un système de travail incessant. Il est, sans doute, fort difficile de choisir un genre de délassement qui ne laisse rien à désirer ; mais le chrétien peut transformer ses plaisirs eux-mêmes en moyens de faire le bien et, dans tous les cas, il ne doit en rechercher aucun qui laisse ensuite son esprit hors d'état de remplir, avec soin, les devoirs ordinaires de la vie.

— Jugés à ce point de vue, les amusements chinois, répondit Richard, vous paraîtront bien frivoles. Ils sont passionnés pour les jongleurs et pour de grossières représentations théâtrales. Les joûtes d'embarcations sont aussi parmi eux un passe-temps favori. Mais une chose qui vous étonnera sans doute, c'est d'apprendre que, même parvenus à l'âge mûr, les Chinois aiment, comme nos enfants, à jouer avec des cerfs-volants. Ces derniers ne diffèrent des nôtres que par une ouverture qui se trouve au centre et sur laquelle sont tendues des cordes pareilles à celles d'un violon.

— A quoi servent ces cordes? demanda Mathilde.

— A mesure que le cerf-volant s'élève, elles font entendre un bruit sourd qui plaît beaucoup aux Chinois. J'ai vu, aux Antilles, les nègres s'amuser de la même manière.

— Mais tu ne veux certainement pas dire, interrompit Elisa, que les hommes soient assez fous pour courir avec des cerfs-volants comme des enfants ?

— C'est un amusement favori pour les hommes faits comme pour les petits garçons. Les Chinois célèbrent leurs fêtes publiques avec beaucoup de pompe : une des plus remarquables est celle des lanternes. Ce jour-là, tout l'empire est illuminé ; on le croirait en feu. Les réjouissances durent quatre jours. Tous les habitants, riches ou pauvres, allument des lanternes peintes de différentes couleurs, couvertes de soieries éclatantes, de dorures, et les suspendent dans les cours, dans les appartements, aux fenêtres. Quelques-unes de ces lanternes sont tellement grandes que plusieurs personnes pourraient s'y promener à l'aise. L'éclat de cette fête est encore augmenté par de beaux feux d'artifice dans lesquels on prétend que les Chinois excellent.

— Cette fête doit être en effet bien brillante, observa M. Evans ; mais elle est, en même temps, une triste preuve de la frivolité de ce peuple, et nous amène à penser aux ténèbres spirituelles qui couvrent la Chine. Ces ténèbres ne cesseront que le jour où ce pays, si digne d'intérêt, sera soumis à l'empire de Jésus; car le Sauveur est seul « la » lumière du monde. Celui qui le suit » ne marchera point dans les ténèbres, » mais il aura la lumière et la vie. »

CHAPITRE IX.

Langue chinoise. — Education en Chine. — Concours publics pour l'admission aux emplois. — Persévérance des Chinois ; anecdotes à ce sujet. — Découverte de la poudre à canon, de la boussole, de la circulation du sang, de l'imprimerie.

Un des premiers visiteurs de Richard, après son arrivée chez lui, fut le directeur du pensionnat dans lequel il avait été élevé. Leur entrevue fut des plus affectueuses; car Richard s'était fait distinguer parmi les meilleurs élèves de M. Muston et, par suite de la bienveillance qui caractérisait toutes les relations de ce dernier avec les jeunes gens en général, le professeur était lui-même très-aimé des enfants de M. Evans.

— Je suppose, Richard, dit M. Muston, que, pendant votre dernière campagne, vous vous êtes arrangé de manière à apprendre à parler un peu de chinois.

— J'en ai acquis une légère teinture en causant avec les natifs qui avaient l'habitude de venir à bord; mais je dois avouer que j'ai renoncé à apprendre à le lire quand j'ai su que l'alphabet contenait près de vingt mille caractères.

— Quel prodigieux effort de mémoire il faut pour les retenir!

— Certainement, répondit Richard. Cependant quelques Européens ont réussi à se rendre maîtres du langage; mais il leur a fallu un travail excessif.

— Nos missionnaires en Chine, reprit M. Muston, doivent avoir besoin de déployer beaucoup de patience et de persévérance pour étudier avec succès une langue aussi compliquée.

— L'étude de l'idiome des peuples auxquels ils sont chargés d'annoncer la bonne nouvelle est, en effet, observa M. Evans, une des difficultés les plus grandes contre lesquelles aient à lutter les messagers du salut. Cependant, comme l'écrivait l'apôtre des sauvages de l'Amérique du Nord, lorsqu'il eut, après de pénibles travaux, complété la grammaire indienne, la prière et le travail, appuyés sur la foi en Jésus-Christ, viennent à bout de tout.

— Les études littéraires sont, je

crois, en très-grand honneur chez les Chinois?

— Oui, répondit Richard, ils cultivent toutes les branches de littérature connues des nations civilisées: ainsi, ils ont, comme nous, des romans, des poèmes, des ouvrages d'histoire, de sciences; on peut dire qu'en Chine tout dépend d'une bonne éducation. Depuis plus de deux mille ans, ils ont une loi qui oblige chaque village à avoir son école.

— C'est une excellente loi, dit M. Evans; je voudrais qu'il en existât une semblable dans tous les royaumes de l'Europe.

— Les Chinois, continua Richard, donnent aux soins de l'éducation une si grande importance, parce que tous les emplois du gouvernement sont accordés à ceux qui, après des examens publics, sont jugés les plus capables.

En général, il est très-rare chez eux de voir un homme, qui ne le mérite pas, porté par la faveur à un poste élevé.

— Mais comment font-ils, Richard, demanda M. Muston, pour trouver ces hommes capables et dignes? L'empereur ne peut aller dans les rues une lanterne à la main, comme Diogène, pour chercher l'honnête homme qui doit être son premier ministre.

— Non, répondit Richard, mais ils font beaucoup mieux. Tous les deux ans, les gouverneurs des provinces président un concours public, à la suite duquel ils choisissent les étudiants les plus instruits. Un examen plus rigoureux, subi par ceux qui ont été ainsi désignés, produit un nouveau choix. Les étudiants qui sont sortis avec honneur de cette seconde épreuve sont enfermés dans de petites cellules; un officier de police veille à la porte de chacune d'elles pour s'assurer que personne ne vient les aider dans la résolution des diverses questions écrites qu'ils doivent traiter et dont le sujet est quelquefois dicté par l'empereur lui-même. Un troisième choix qui, sur dix mille candidats, produit environ soixante-dix élus, est le résultat de ce troisième examen. Ceux qui ont traversé victorieusement toutes ces épreuves sont, ainsi que leurs parents, comblés d'honneurs. Les villes auxquelles ils appartiennent célèbrent leur gloire par des réjouissances publiques, et, désignés pour occuper les emplois les plus élevés, ils reçoivent des appointements considérables.

— Un pareil système doit encourager, au-delà de toute expression, ceux qui se livrent à l'étude. Les récompenses accordées dans nos universités sont bien pâles comparées à celles que la Chine offre à ses lettrés.

— Certainement, continua Richard, et ces distinctions accordées au savoir produisent sur les natifs un effet surprenant ; ainsi, on voit des hommes de quatre-vingts ans travailler pour les obtenir.

— En vérité, dit M. Evans ; il me semble cependant, qu'arrivés à cet âge, il vaudrait mieux qu'ils luttassent pour l'acquisition d'une récompense plus précieuse.

— Oui ; mais ils ne connaissent pas l'Evangile qui, seul, peut leur apprendre comment ce prix s'obtient.

— Je l'avais oublié, répondit M. Evans ; je t'ai interrompu au moment où tu parlais de leur ardeur pour l'étude.

— On raconte d'un étudiant qui était cordonnier, continua Richard, et qui craignait de s'endormir, que, pour se tenir éveillé, il se perça la cuisse avec une alêne. Pour atteindre ce même but, un autre attacha ses cheveux à une poutre du plafond. Un troisième, qui était laboureur, avait l'habitude de fixer son livre sur le dos de l'animal attelé à la charrue afin d'étudier en la conduisant.

— On peut dire qu'ils ne reculeraient devant aucune difficulté pour acquérir la science, dit M. Evans. Il serait à désirer, mon cher M. Muston, que vos élèves pussent se pénétrer du même esprit.

— C'est vrai, répliqua le professeur; mais je vous avoue que la Chine est certainement le dernier pays dont je me serais attendu à recevoir des conseils pour le perfectionement de l'éducation.

— J'ai encore deux traits à ajouter

à ceux que j'ai déjà cités, reprit Richard. On prétend qu'un homme n'ayant pas de quoi acheter des chandelles, étudiait la nuit à la clarté produite par la réverbération de la neige. Un autre, désespéré de ne pouvoir réussir et prêt à renoncer à son travail, rencontra une vieille femme qui aiguisait un morceau de fer sur une pierre à meule. Il lui demanda ce qu'elle voulait en faire ; celle-ci lui répondit qu'elle avait besoin d'une aiguille, et qu'elle espérait en fabriquer une en persévérant à frotter le morceau de fer sur la pierre. La patience de cette pauvre femme engagea l'étudiant à redoubler d'efforts; il réussit et remporta la prix auquel il aspirait.

— Je ne manquerai pas, dit M. Muston, de raconter ces anecdoctes à mes élèves, la première fois qu'ils trouveront leurs leçons trop difficiles.

— Vous pourrez aussi leur répéter, ajouta Richard, ce proverbe favori des Chinois : « Sous le ciel entier il n'est rien de difficile; c'est seulement l'esprit de l'homme qui n'est pas assez résolu. »

— Cette maxime est excellente ! s'écria M. Muston. On devrait la graver en lettres d'or dans toutes les écoles du royaume.

— Elle devrait aussi nous engager, reprit M. Evans, à faire beaucoup plus d'efforts pour « gagner le royaume » de Dieu et sa justice. » Que d'obstacles qui s'opposent à nos progrès dans la sainteté et qui, avec la grâce de Dieu, cèderaient complètement devant une résolution pareille à celle qu'indique cette maxime. Mais je m'éloigne du sujet de la conversation. Il me semble, qu'avec un tel zèle pour l'étude, la littérature chinoise doit être dans l'état le plus florissant.

— C'est ce qui n'est pas, répondit Richard, du moins au point de vue de nos idées européennes. L'étude seule de la langue chinoise, composée de plus de vingt mille mots représentés par autant de signes, la formation de ces caractères qui exigent une précision remarquable, puisque la moindre erreur dans la manière de les écrire rendrait le mot inintelligible, réclame un travail de plusieurs années. Ainsi le titre seul de calligraphe entraîne celui de savant et honore beaucoup celui qui en est digne. D'ailleurs, les Chinois consacrent leur principale attention à l'étude des ouvrages qui traitent des devoirs moraux et politiques. Dès qu'ils commencent à connaître leurs caractères, ils lisent et apprennent par cœur des dissertations sur ces deux sujets. Deux fois par mois, on lit, dans toute la Chine, seize discours composés par un empereur sur les devoirs de chacun vis-à-vis de ses parents et de la communauté.

—Ainsi, aucun habitant de la Chine ne peut prétendre qu'il ignore ce qu'il doit faire. Quant à nous, nous aimons beaucoup à entendre parler de nos droits, mais nous nous inquiétons peu de nos obligations. Quel est l'état de la science en Chine? y est-elle cultivée avec succès?

— On n'en a qu'une connaissance très-imparfaite. Les mathématiques ont été connues des Chinois dans les plus anciens temps; mais ils n'en ont pas poussé l'étude au-delà d'une certaine limite et sont, à cet égard, beaucoup moins avancés que nous. Le mérite de plusieurs découvertes attribuées exclusivement à des Européens revient en entier aux Chinois.

— Maintenant que j'y pense, ne

lit-on pas qu'ils sont les inventeurs de a poudre à canon? demanda M. Evans.

— Je croyais qu'on attribuait la découverte de cette composition destructive au moine Bacon, observa Mme Evans.

— Autrefois on le croyait ainsi, répondit Richard; mais, à présent, on ne doute pas qu'elle ne fût connue en Chine longtemps avant.

— Je leur accorde volontiers cet honneur, reprit le professeur; car, pour ma part, je ne suis pas un grand admirateur des inventions militaires.

— Je crains cependant, Monsieur, dit Richard, qu'ils ne puissent aussi nous revendiquer des lauriers plus pacifiques. Ainsi, il est certain qu'ils connaissent la boussole depuis trois mille ans environ. La théorie de la circulation du sang est mentionnée dans leurs ouvrages de médecine écrits depuis plusieurs siècles. Un auteur français a dernièrement affirmé que l'éclairage au gaz est usité dans quelques villes de la Chine, et il est tout-à-fait certain que l'art de l'imprimerie était familier aux Chinois cinq cents ans avant qu'on eût songé en Europe à une pareille invention.

— Quel peuple extraordinaire! dit M. Muston. Nous avons eu l'habitude de rire pendant longtemps de leur prétendue stupidité; mais je commence réellement à croire que les rieurs ont été du mauvais côté.

— C'est ce que je pense, dit M. Evans. Tu nous parlais d'imprimerie, Richard; mais, puisqu'ils ont autant de caractères que de mots, il doit leur falloir une multitude incroyable de types?

— Leur mode d'impression diffère tout-à-fait du nôtre, répondit Richard.

On découpe en relief, sur une planche de bois dur, chaque page du livre à imprimer; aussi il y a autant de planches que de pages.

— C'est à peu près ce qui a lieu pour nos ouvrages stéréotypés, ajouta M. Evans. Mais des livres qui exigent tant de travail doivent coûter fort cher?

— Pas du tout, je vous assure, répondit Richard; on peut avoir un ouvrage de quinze cents feuilles, en vingt volumes, pour trois francs.

— C'est, en vérité, de la littérature à bon marché, dit le professeur. Nos grandes sociétés pour la vente des livres à bas prix seraient obligées de fermer leurs magasins, si elles allaient en Chine. Le peuple y aime-t-il la lecture?

— Beaucoup, répliqua Richard, et comme leur langage écrit est le même dans tout l'empire, un livre imprimé dans un coin de la Chine peut être lu et compris par ses trois cent cinquante millions d'habitants, sans le secours d'aucune traduction. Aussi, profitant de cette circonstance, nos missionnaires ont mis en circulation un nombre considérable de traités religieux, que le peuple a reçus avec une avidité fort encourageante.

— Cette conformité de langage donnera effectivement de grandes facilités pour introduire l'Evangile dans le centre même de l'énorme population chinoise, et nous permettra bientôt, il faut l'espérer, de voir l'accomplissement de la prophétie : « une nation sera en- » fantée en un jour. »

— Puisse cette époque bénie arriver promptement! continua M. Muston; car la Chine sera certainement un brillant joyau dans la couronne du Rédempteur.

CHAPITRE X.

Lois des Chinois. — Peines afflictives. — Hommages rendus à l'empereur. — Cérémonie du Kotou. — Gouvernement.

QUELQUES semaines après le retour de Richard, un mouvement inusité eut lieu dans une ville voisine, par suite de l'arrivée du juge qui devait y présider les assises annuelles. Un événement de cette nature, qui passe inaperçu dans une grande ville, fait toujours beaucoup de bruit dans le petit chef-lieu d'une province écartée.

Mme Evans était en ville avec ses enfants, lorsque le juge y fit son entrée solennelle. Le son des trompettes, l'arrangement des hallebardiers, le costume des officiers de justice, la démarche imposante du magistrat revêtu de sa robe, tous les membres du barreau qui l'accompagnaient, la foule accourue sur le passage du cortége, frappèrent Elisa qui, après un moment de silence, dit à son frère :

—Je suis sûre, Richard, que tu n'as rien vu de semblable en Chine?

— Pas tout-à-fait. Les Chinois ont une manière sommaire de rendre la justice qui leur est toute particulière. Au lieu d'envoyer une assignation à son adversaire, le plaignant va à la porte de la maison du magistrat et frappe sur un gros tambour qui s'y trouve suspendu. Un officier paraît et reçoit la pétition. Elle est examinée et, si le plaignant est dans son droit, on lui donne gain de cause. S'il paraît avoir tort, on lui administre, sur la plante des pieds, une bonne volée de coups de bambous, et il est renvoyé chez lui.

— C'est une manière fort expéditive de régler un procès, dit Mme Evans; mais elle doit souvent entraîner des décisions injustes.

— Naturellement, répondit Richard. Aussi ce genre de procédure ne s'applique en général qu'aux affaires de moindre importance. Les Chinois ont un recueil de lois écrites qui, tout bien considéré, est d'une sagesse étonnante. Sir Georges Staunton a publié, dans un gros volume in-quarto, la traduction de leurs lois criminelles; et, dans le compte qu'en a rendu la *Revue d'Edimbourg*, on lit que ce code entier est remarquable par son bon sens, par sa clarté, par sa concision, par la rectitude de ses diverses prévisions, par la simplicité et la modération du langage dans lequel il est conçu.

— C'est un éloge des plus complets, observa Mme Evans.

— Leurs lois ont néanmoins plusieurs défauts très-sérieux. Dans certains cas, elles sont fort cruelles: ainsi, pour les crimes de trahison, non contentes de punir de mort le coupable, elles infligent la même peine à tous les membres de sa famille en y comprenant même les enfants en bas-âge; c'est ce que les Chinois appellent détruire l'arbre jusque dans ses racines. Leurs lois sanctionnent l'emploi de la torture et un autre châtiment d'une cruauté inouïe qui, fort heureusement, n'est presque jamais mis à exécution.

— Quel est-il? demanda Mathilde.

— Il consiste à couper le criminel en dix mille morceaux.

— Oh! quelle horreur! s'écrièrent toutes les dames à la fois.

— C'est vrai. Mais n'oubliez pas, reprit Richard, que, dans quelques parties de l'Europe, les lois, il y a tout au plus un demi-siècle, n'étaient pas moins inhumaines. Ainsi, l'homme qui attenta, en France, à la vie de Louis XV, fut déchiré par des chevaux indomptés, après avoir eu sa chair arrachée avec des pinces de fer rougies au feu.

— Assez! assez! Richard, dit Mme Evans. Mon sang se glace à l'ouïe de pareilles cruautés. Les châtiments chinois ne sont pas plus barbares.

— Un autre défaut des lois chinoises, continua Richard, est la disposition d'après laquelle on punit très-sévèrement ceux qui, par accident, ont donné la mort à un de leurs semblables. Elles paraissent n'établir que peu de distinction entre ce cas-là et le meurtre volontaire. Aussi, cette loi était une source continuelle de désagréments pour les Européens établis à Canton. Si, par une circonstance tout-à-fait fortuite, ces derniers venaient à blesser quelque Chinois, et que sa mort en résultât, toutes les relations commerciales étaient suspendues jusqu'à ce que quelqu'un du comptoir eût été livré pour subir la peine de mort. Cette loi a eu pour effet de rendre les Chinois tout-à-fait indifférents aux dangers que courent leurs semblables : ainsi, ils ne viennent jamais au secours d'un homme qui se noie, de peur d'être rendus responsables de sa mort. Un jour, à la suite d'un incendie qui avait eu lieu à

Canton, un chirurgien anglais voulut amputer quelques malheureux Chinois grièvement blessés; mais un mandarin le détourna de faire cette opération, en le prévenant, fort obligeamment, que si, par malheur, ses malades succombaient, sa propre vie répondrait de la leur. — Les autres peines afflictives des Chinois sont la strangulation, la décapitation, l'emprisonnement dans une cage faite de telle sorte qu'on ne peut, ni s'asseoir, ni se coucher, ni se tenir debout, et enfin la cangue. Cette dernière punition consiste à avoir la tête et une des mains passées dans un gros plateau en bois que le patient ne quitte ni jour ni nuit, pendant des mois entiers. Sur les faces de cette espèce de collier, qui pèse quelquefois jusqu'à deux cents livres, on écrit la cause et la durée du châtiment ainsi que le nom du coupable; celui-ci, dans cet état de gêne, ne peut même pas porter lui-même ses aliments à sa bouche: il faut qu'un autre lui rende ce service. La bastonnade est largement appliquée dans tous les cas de moindre importance. Quarante coups de bambous sont la dose ordinaire, et, ce qu'il y a de pire, c'est que le malheureux qui l'a endurée est obligé de s'incliner trois fois devant le magistrat, en le remerciant de sa bonté, pour lui avoir infligé une correction si paternelle. Pourvu qu'on se conforme à la lettre de la loi, les magistrats ne se piquent pas, en Chine, de beaucoup d'intégrité. Ainsi, quand ils avaient des démêlés avec les Anglais, à propos de quelque natif tué par accident, les mandarins donnaient à entendre que le moyen le plus simple d'arranger l'affaire était d'acheter un esclave et de le livrer pour être mis à mort. On prétend, du reste, ue lorsqu'un homme est convaincu 'un crime qui n'entraîne pas la peine e mort, il lui est très-facile de cor- ɔmpre l'officier chargé de sa personne, t d'acheter un remplaçant qui subit le hâtiment à sa place. Cet abus a même té poussé si loin, que les amis d'un rand personnage condamné à mort, yant payé un pauvre malheureux pour ecevoir la bastonnade qu'ils préten- laient devoir être la punition du oupable, le remplaçant éprouva, à ses lépens, qu'il avait fait un mauvais narché; car, après avoir pris le nom lu vrai criminel, il fut conduit au der- nier supplice.

— Que nous sommes heureux de ne pas être régis par de pareilles lois! dit Mme Evans.

— Comment s'appelle l'empereur de la Chine? Son pouvoir doit être im- mense.

— Il s'appelle, répondit Richard, *Taou-Kwang* ou *Gloire de la Raison*, et son autorité est absolue.

— Il doit avoir fort à faire pour maintenir le bon ordre parmi tant de millions d'hommes ? N'y a-t-il pas en Chine des troubles continuels ?

— Pas autant que vous pourriez le croire, reprit Richard. On apprend aux Chinois à considérer l'empereur comme un père, et toute offense contre sa personne est aussi abhorrée qu'un parricide. De même, un vice-roi est le père de la province où il commande, et un mandarin, celui de la ville qu'il gouverne. En un mot, la constitution publique de l'empire chinois est fondée sur le pouvoir paternel dont elle est l'image. Aussi, la réalité des bénédictions attachées à l'exécution du cinquième commandement n'a jamais été démontrée ailleurs d'une manière aussi frappante. Nulle part les pères et les mères ne sont aussi généralement honorés, et nulle part on n'a joui d'un gouvernement plus stable et plus paisible. Les Chinois témoignent à l'empereur un respect extrême. Les hommages qu'ils lui rendent, le jour de sa naissance, sont même tellement serviles, que l'ambassadeur anglais et sa suite furent frappés de sa ressemblance avec Nébucadnetsar, le monarque dont parle l'Ecriture, qui ordonnait à la multitude de se prosterner devant la statue d'or, au moment où le son des instruments de musique se faisait entendre.

— Est-ce qu'on l'adore? demanda Elisa.

— A peu près, répondit Richard. On l'appelle *le fils du ciel, le frère du soleil et de la lune, le dix mille années.* Ses ordres sont exécutés comme s'ils descendaient du ciel. Personne, sans exception, ne peut lui parler qu'à genoux. On se prosterne même devant son fauteuil, devant ses habits ; on lui élève des temples. Quand on reçoit une de ses dépêches, de l'encens est brûlé devant elle. Une route large, parfaitement unie et balayée, s'étend entre Pekin et sa maison de plaisance en Tartarie, et nul ne peut y voyager que lui. Enfin, la cérémonie du kotou doit être exécutée par tous ceux qui sont admis en sa présence.

— En quoi consiste-t-elle ? demanda Mathilde.

— Au moment où on paraît devant l'empereur, on se prosterne et, à un signal donné par le grand-maître des cérémonies, on frappe trois fois de la tête contre terre ; on recommence encore deux fois, ce qui fait trois génuflexions et neuf battements de tête ; puis la musique joue l'air de l'*assujettisse-*

ment glorieux, de la *sujétion parfaite*.

— Ce doit être une cérémonie fort humiliante, observa Mme Evans.

— En effet ; elle a été une source d'ennuis pour tous les ambassadeurs européens envoyés en Chine. Lord Macartney, premier ambassadeur anglais, refusa de s'y soumettre, à moins qu'un des premiers mandarins ne fût chargé de se prosterner et de battre aussi neuf fois de la tête contre terre devant le portrait de George III ; comme on ne voulut pas y consentir, il obtint d'être reçu par l'empereur, en mettant seulement devant lui un genou en terre, comme il l'eût fait devant son propre souverain.

— Je suis bien aise d'apprendre, dit Mme Evans, qu'il ne se soit pas soumis à une cérémonie aussi avilissante.

— Du reste, on éprouva que c'était le meilleur moyen de réussir auprès des Chinois ; car, à partir de ce moment, ils eurent pour nous beaucoup plus d'estime. — L'histoire des empereurs chinois est fort intéressante, et je regrette de ne pouvoir vous la raconter. L'un d'eux, nommé Yu, voulant donner à ses sujets l'exemple de l'application aux affaires, interrompit un jour son dîner jusqu'à dix fois, pour travailler avec ses ministres.

— C'était au moins prouver qu'il n'était pas l'esclave des plaisirs de la table, observa Mme Evans.

— Cela me rappelle une loi assez singulière, continua Richard, et d'après laquelle le cuisinier de l'empereur est puni de la bastonnade, s'il ne fait pas les plats au goût de sa majesté, ou s'il y met quelque nouvel ingrédient.

— C'est un règlement bien dur pour le pauvre cuisinier, dit Mme Evans ; je ne voudrais pas occuper sa place.

— Le pouvoir de l'empereur, quelque grand qu'il soit, poursuivit Richard, est cependant tempéré par des usages qui obligent le souverain à montrer une grande circonspection dans tous ses actes. D'abord, la maxime qui oblige ses sujets à lui rendre une obéissance filiale, lui impose le devoir de les aimer comme un père, et de faire tout ce qui dépend de lui pour les rendre heureux. Aussi le pouvoir despotique, qui, dans les autres pays, écrase indignement les peuples, est au contraire revêtu en Chine d'un grand respect pour l'humanité. De plus, si le pays est désolé par quelque calamité publique, telle, par exemple, qu'une longue sècheresse ou une mauvaise récolte, on croit que le ciel punit la nation à cause des seules fautes du souverain. Dans ces occasions, ce dernier s'enferme dans son palais, observe des jeûnes, se refuse tout plaisir, fait une confession publique de ses péchés, et annonce au peuple, par de nombreuses proclamations, qu'il va s'efforcer d'apaiser, par son repentir et par sa conduite, le courroux du ciel. A la suite des désastres éprouvés par les Chinois dans leur dernière guerre avec nous, l'empereur actuel fut obligé de se conformer à cet usage. Une autre contrainte, apportée par les lois aux abus du pouvoir despotique, est l'existence d'un corps de censeurs, dont le devoir exprès est d'avertir le souverain des fautes qu'il commet.

— L'emploi de censeur ne doit pas être agréable à remplir auprès d'un pareil despote, observa Elisa.

— Evidemment, répliqua Mme Evans. Il faut beaucoup de courage et de sagesse pour dénoncer les fautes du prochain, non par derrière, mais en face, avec un esprit d'amour et de fidélité. C'est cependant un devoir chrétien recommandé et mis en pratique par le Sauveur lui-même. Vous connaissez la déclaration des Ecritures : « Celui qui » reprend quelqu'un sera à la fin plus » chéri que celui qui flatte de sa lan- » gue. »

— Les censeurs chinois, reprit Richard, sont plus souvent des flatteurs que des trouveurs de fautes. Cependant, quelques-uns d'entre eux se sont noblement acquittés de leur devoir. Ainsi l'histoire en cite qui, dans certaines circonstances, ont fait porter leur cercueil au palais de leur maître, afin de lui montrer que la crainte même de la mort ne les empêcherait pas d'élever la voix pour la défense du bien public.

— C'était une noble conduite et digne d'être proposée pour modèle à une foule de chrétiens, dit Mme Evans.

Hélas ! combien peu d'entre nous seraient disposés à les imiter !

— Quelquefois, l'empereur, au lieu d'être irrité de leur hardiesse, continua Richard, les en a récompensés. Mais, depuis longtemps, il n'existe plus de censeurs de cette trempe ; à présent on ne voit, à leur place, que des mandarins riches et complaisants.

— Les mandarins ressemblent-ils à ces figures ridicules que nous voyons dans les magasins de thé? demanda Mathilde.

— Pas du tout, répondit Richard ; ils occupent en Chine les premiers emplois, qu'ils doivent aux talents dont ils ont fait preuve dans les concours publics. Il y a diverses classes de mandarins ; on les distingue par les boutons et par la couleur particulière d'une pierre qu'ils portent sur leurs habits. En théorie, rien n'est plus sage que le gouvernement chinois. Aucun mandarin, aucun fonctionnaire ne peut occuper un emploi dans la province où il est né. Tous les trois mois, on publie une liste nominative des employés de l'empire, et, tous les trois ans, on adresse à Pékin un rapport détaillé sur leur conduite, sur leurs capacités, sur les droits qu'ils ont à l'avancement. Plusieurs autres particularités de leur système d'administration, qu'il serait trop long d'énumérer, sont également dignes d'éloges; mais toutes ces bonnes dispositions n'empêchent pas les abus de se glisser partout. Presque tous les fonctionnaires se laissent aisément suborner, et volent les deniers publics quand ils peuvent le faire en sûreté. Ainsi, dans la célèbre question de l'opium, au lieu de détruire les milliers de caisses pleines de cette drogue, qu'ils avaient saisies d'après les ordres de l'empereur, les mandarins les vendaient secrètement, à leur propre profit, aux marchands en détail.

— En voilà assez sur les lois de la Chine, dit Mme Evans. Ce que tu viens de nous raconter prouve, d'une manière évidente, que les meilleures institutions humaines demeurent impuissantes tant qu'elles ne sont pas basées sur la plus noble, sur la plus sage des lois, celle que Dieu nous a révélée dans l'Evangile. Puissent les Chinois en sentir bientôt la céleste influence! Et nous, qui la connaissons, puissions-nous être amenés à marcher, de plus en plus, dans la charité dont Christ nous a donné un si bel exemple, « en » s'offrant lui-même pour nous en » oblation et sacrifice à Dieu. »

CHAPITRE XI.

Premières relations commerciales avec la Chine. — Ambassade anglaise. — Ambassade hollandaise. — Commerce de l'opium. — Guerre avec la Chine. — Traité de paix.

Après deux mois de séjour chez son père, la santé de Richard se trouva presqu'entièrement rétablie; mais, incapable, comme nous l'avons déjà dit, de continuer à servir dans la marine, il fut contraint de renoncer à sa première profession, et ses parents lui procurèrent un emploi à Londres.

— Eh bien! Richard, dit Mathilde à son frère le jour où le médecin déclara que M. Evans pouvait permettre à son fils de partir, je suis certainement heureuse d'apprendre que tu es beaucoup mieux; mais j'aurais été bien aise que ton séjour auprès de nous pût se prolonger davantage. Tu n'as probablement plus rien à nous raconter sur la Chine?

— Au contraire, répondit Richard, c'est un sujet que nous n'avons fait qu'effleurer. Il y a une foule de choses dont je n'ai pu vous parler, mais que vous lirez, j'espère, un jour, dans les voyages de Staunton ou de Barrow. Et puis, quand vous viendrez me voir à Londres, nous irons visiter ensemble le musée chinois.

— Tu ne nous as jamais fait, dit M. Evans, le récit circonstancié de nos démêlés avec la Chine. A quelle époque nos relations commerciales avec ce pays ont-elles commencé ?

— Ce fut du temps de la reine Elisabeth que des navires anglais y furent envoyés pour la première fois ; mais ils ne s'occupèrent que fort peu d'affaires commerciales. Les Portugais sont les premiers Européens qui ont commencé à trafiquer avec la Chine ; ils y parurent vers le milieu du XVIe siècle, et furent suivis par les Espagnols, les Hollandais et les Français. Vous savez que le commerce anglais, dans cette partie du monde, demeura exclusivement entre les mains de la Compagnie orientale des Indes jusqu'en 1834 ; elle eut soin de flatter l'humeur des Chinois, et parvint ainsi à maintenir, sans trop de querelles, une factorerie chez eux.

— C'était déjà un certain succès ; car ce peuple, observa M. Evans, a été de tout temps opposé à l'admission des étrangers chez lui.

— Je me rappelle aussi avoir souvent admiré, ajouta Mme Evans, la libéralité avec laquelle ils nous appliquent, dans leurs proclamations, l'épithète de « Barbares. »

— En 1793, continua Richard, on envoya en Chine une ambassade de laquelle on se promettait de grands résultats. Son chef, le comte de Macartney, était porteur des plus riches présents. Il fut accueilli avec courtoisie et traité avec de grandes démonstrations de respect ; on le dispensa même de la cérémonie du Kotou, ce qui avait été jusqu'alors sans exemple dans les annales de la Chine. Il n'obtint, malgré tout cela, aucun privilége commercial. Plus tard, les Hollandais envoyèrent aussi une ambassade ; celle-ci, espérant de mieux réussir à force d'adulations, se plia à tout, se soumit autant qu'on le voulut, à la cérémonie du Kotou, rendit même cet honneur à de simples mandarins. Cette servilité n'aboutit à rien. L'ambassadeur fut logé, avec sa suite, dans un lieu qui ressemblait assez à une vieille écurie. Admis auprès de l'empereur, celui-ci le complimenta sur l'habileté avec laquelle les Hollandais patinaient, et avaient appris à exécuter le Kotou. Ces derniers crurent alors qu'on les écouterait plus favorablement ; mais il n'en fut pas ainsi. Voulant leur donner une marque de grande faveur, l'empereur leur envoya, de sa propre table, quelques os à demi-rongés et un peu de mouton tellement rance que, pendant longtemps, la pensée seule de ce mets suffit pour les rendre malades? Ce qu'il y eut de pire, c'est qu'ils furent obligés de saluer ces plats en se prosternant trois fois et effectuant les neuf battements de tête du Kotou.

— Leur commerce retira-t-il au moins quelques avantages de toutes ces humiliations ? demanda M. Evans.

— Pas un seul. Ils ne rapportèrent chez eux qu'une connaissance parfaite de l'étiquette chinoise. — En 1816, notre gouvernement envoya une autre ambassade, payée par la Compagnie des Indes, et qui ne réussit pas mieux que la précédente. Elle ne fut pas même reçue par l'empereur. Cependant, les affaires continuèrent à se traiter assez paisiblement jusqu'en 1834 ; alors, comme on l'avait prévu depuis longtemps, surgirent des querelles dont la principale cause provint du commerce de l'opium (1).

(1) Un traité de commerce et d'amitié, qui lie

— Qu'est-ce que l'opium, et d'où vient-il ? demanda Mathilde.

— L'opium est une préparation extraite du pavot. Chez nous, il n'est employé que sous forme de médicament ; mais, en Chine, on s'en sert pour se procurer une sorte d'ivresse dont les résultats sont déplorables. Le gouvernement chinois a constamment protesté, par des paroles, contre son introduction ; malheureusement, certains employés haut placés en retiraient de grands avantages, et fermaient les yeux sur la violation de la loi. Enfin, alarmé par l'état d'abrutissement moral dans lequel tombaient tous les fumeurs

la France et la Chine pendant dix mille ans, a été conclu, à Wampoa, le 24 octobre 1844. Il a été signé, au nom de la France, par M. de Lagrenée, et, au nom de l'empereur de la Chine, par Ky-Ing, haut commissaire impérial.

(*Note du Traducteur*).

de cette drogue, dont l'usage menaçait d'envahir l'empire entier, et par la grande quantité d'argent remis aux étrangers pour l'achat de l'opium, l'empereur fit brusquement saisir des milliers de caisses, pleines de ce poison, appartenant aux négociants anglais, et ne voulut entendre parler d'aucune indemnité. Plusieurs de nos compatriotes furent insultés: on emprisonna même le directeur du comptoir, et les autorités chinoises menacèrent d'affamer tous les Anglais, innocents ou coupables, si tout l'opium n'était pas livré.

— Il me semble, dit Mme Evans, que les Chinois avaient parfaitement le droit de saisir tout cet opium, puisque, malgré leurs lois, on l'introduisait en contrebande dans leur pays.

— Certainement, répondit Richard; mais nos négociants prétendent qu'en en tolérant l'introduction pendant tant d'années, ils l'avaient rendue légale. Quoi qu'il en soit, il n'est pas étonnant que l'empereur voulût réprimer l'usage de cette vile drogue dont les effets sont réellement hideux. Quand j'étais à Singapore, j'eus la curiosité de visiter une boutique d'opium ; jamais depuis je n'ai voulu revoir un spectacle aussi repoussant. Quelques hommes qui, ce jour-là, n'avaient pu encore satisfaire leur affreux penchant, entraient comme des fous, et saisissaient avec frénésie les pipes garnies qu'on leur présentait ; d'autres, placés sous l'influence des premières bouffées, poussaient des éclats de rire sauvages en promenant autour d'eux des regards hébétés, tandis que ceux qui étaient arrivés au dernier degré d'ivresse gisaient étendus sur le dos, dans un lieu à part, la torpeur de la mort répandue sur leurs traits livides qu'un sourire d'idiot contractait d'une façon horrible. Un fumeur d'opium finit toujours mal; il est perdu pour le monde et pour l'éternité.

— Cette description est réellement effrayante, dit M. Evans; elle montre, en même temps, comme l'amour du gain peut étouffer la voix de la conscience, puisqu'il amène l'homme à vendre un poison si nuisible aux intérêts les plus précieux de ses semblables.

— Et c'est pour soutenir cet infâme commerce que nous avons déclaré la guerre à cette pauvre Chine? demanda Mme Evans.

— Pas uniquement pour cela, répondit Richard. Le peuple chinois était devenu d'une insolence extrême, et, s'il faut en croire les défenseurs de la guerre, des mesures plus pacifiques n'auraient eu aucun succès. On a cependant employé tous les moyens pour verser le moins de sang possible. Ainsi, des fusées, qui devaient faire un grand bruit et très-peu de mal, furent confectionnées exprès à Woolwich, et remises à l'expédition envoyée en Chine ; malheureusement ces intentions, si pleines d'humanité, ne répondirent pas au but que l'on voulait atteindre : encouragés par cette modération, qu'ils prirent pour de la faiblesse, les Chinois devinrent plus intraitables, et il y eut, à la fin, beaucoup plus de sang répandu.

— Comment se sont battus ces pauvres Chinois ? demanda Mme Evans.

— Quelques-uns, les Tartares surtout, avec une grande bravoure ; d'autres se sont conduits comme de francs poltrons. Je n'ai jamais rien vu d'aussi pitoyable que l'aspect de la population de l'île de Chusan, lorsque notre escadre pénétra dans le port. Le gouverneur vint à bord pour demander ce que nous voulions. Lorsqu'on lui eut communiqué le but de notre expédition, il répondit que nous étions bien injustes, en venant attaquer un peuple qui ne nous avait fait aucun mal ; que, puisque nous avions à nous plaindre des habitants de Canton, c'était contre eux qu'il fallait diriger notre escadre : « Du reste, ajouta-t-il en terminant, quoique je sache que la résistance soit une folie, je défendrai la ville jusqu'au bout, si vous persistez à l'attaquer. » Sa conduite et celle d'un mandarin de sa suite nous plurent beaucoup ; mais, hélas ! ils furent tués, tous les deux, dans le combat qui eut lieu le lendemain. Les cris du dernier, lorsqu'il fut transporté auprès de notre chirurgien, avaient quelque chose de désolant ; ses deux jambes, emportées par un boulet, rendaient sa guérison impossible. — Dans une autre ville, que nous prîmes aussi, une foule de soldats chinois s'étaient barricadés dans une rue très-étroite ; on dirigea contre eux une pièce de campagne, et, au bout de quelques minutes, il ne resta plus qu'un amas confus de morts et de mourants.

— Quelle horreur ! quelle horreur ! s'écria Mme Evans ; et dire que ces pauvres créatures avaient des âmes comme les nôtres ! comme nous aussi, des corps sensibles à la douleur ! Oh ! que la guerre est horrible et redoutable ! Quand viendra donc cet heureux temps pendant lequel les hommes, soumis à la douce influence de l'Evangile, forgeront de leurs épées des hoyaux, et de leurs hallebardes, des serpes !

— Puisse-t-il venir bientôt ! continua

Richard. Secondant les vues du gouvernement, nous tâchions cependant d'éviter, autant que possible, l'effusion du sang; car on se serait en effet rendu coupable de meurtre, si on avait attaqué les Chinois comme des ennemis ordinaires. Imaginez-vous que, pour nous effrayer, ils couvraient leurs soldats d'imitations de peaux de tigres, et mettaient sur leurs dos, sur leurs têtes, des écriteaux portant les épithètes de brave, d'invincible, de redoutable. C'était presque aussi absurde que du temps du capitaine Maxwell, quand ils élevaient des monticules de terre peints en blanc pour simuler des tentes.

— Il n'était pas du reste supposable, dit M. Evans, que les Chinois pussent lutter contre des troupes braves et aguerries comme les nôtres.

— Rien ne les étonnait plus que

nos navires diaboliques, comme ils appelaient les bateaux à vapeur, reprit Richard. La première fois qu'on en envoya un à Canton, avant la guerre, ils refusèrent de le laisser entrer dans la rivière, en disant que c'était une invention indécente. Malgré cela, ils essayèrent plus tard de les imiter, en construisant des jonques garnies à l'extérieur de roues en bois qu'ils faisaient mouvoir du dedans, au moyen d'un immense levier.

— Ils donnaient au moins ainsi une preuve de leur adresse, dit Mme Evans. Mais je n'aime pas vos récits de guerres et de massacres. Avons-nous enfin réussi à obtenir ce que nous voulions?

— Oui, répondit Richard, quand l'empereur vit nos succès, il se résigna à payer une indemnité considérable, et, grâce à l'habileté de sir H. Pottinger, un traité vient d'être conclu, par suite duquel cinq ports, au lieu d'un, sont ouverts au commerce anglais. Toute cette guerre a prouvé combien l'arrogance et l'orgueil sont dangereux pour un peuple. Les Chinois traitaient les Anglais avec mépris et, à la fin, ils ont été eux-mêmes vaincus avec honte; tant il est vrai que « l'orgueil va devant » l'écrasement, et la fierté d'esprit de- » vant la ruine. »

— Paraissent-ils disposés à observer le traité? demanda M. Evans.

— Oui, très-exactement, répondit Richard; et l'on pense que, lorsque trois cent cinquante millions de Chinois se seront habitués aux produits de nos manufactures, il sera très-avantageux pour l'Angleterre. Nous avons aussi acquis l'île de Hong-Kong où l'on bâtit une ville appelée Victoria.

— J'espère, dit M. Evans, que la paix régnera désormais dans toutes nos relations avec la Chine. Que la guerre ait été juste ou injuste, elle n'en a pas moins été permise par Celui qui fait tout concourir à l'accomplissement de ses desseins, et qui a voulu ainsi ouvrir la voie aux efforts des chrétiens pour répandre la connaissance de l'Evangile au milieu d'un peuple dont l'accès nous avait été, jusqu'à ce jour, à peu près interdit.

— Comme le disait mon frère dernièrement, observa Mme Evans, l'Angleterre surtout doit s'occuper, d'une manière toute spéciale, de la conversion des Chinois; car elle leur a causé de bien grands maux. Déjà un vif intérêt en faveur de ce peuple commence à se manifester parmi nous: prions le Seigneur pour qu'il aille sans cesse en croissant, pour qu'il produise, entre les deux nations, des résultats de paix et d'amour en Jésus-Christ. Comme notre pays est cependant béni! Aucune guerre ne ravage ses campagnes paisibles ; l'Evangile, avec toutes ses glorieuses richesses, y est librement proclamé ! Aussi pouvons-nous dire avec le Psalmiste : « Ma possession m'est échue » dans des lieux agréables, et un très-» bel héritage m'est échu. »

CHAPITRE XII.

Croyances superstitieuses des Chinois. — Confucius. — Laout-sec. — Buddha. — Transmigrations des âmes. — Idoles. — Infanticide.

Quelques jours après celui dans lequel avait eu lieu la conversation que nous venons de raconter, on vit paraître dans le salon, au moment où la famille Evans allait prendre le thé, M. Meek, pasteur d'une église voisine.

— Je viens de faire une visite dans les environs, dit-il en entrant, et, me trouvant près de vous, j'ai eu la pensée de frapper à votre porte pour vous rappeler que, demain, notre société des missions doit tenir sa réunion mensuelle. Il est probable qu'elle sera très-intéressante, car nous y entendrons une députation de Londres, chargée de soutenir l'établissement d'une mission en Chine où la guerre est, grâces à Dieu! terminée.

— Depuis quelque temps, dit Mme Evans, la Chine a été fort souvent le sujet de nos conversations avec Richard.

— Je serais bien aise, répliqua M. Meek, d'en causer aussi avec lui. La doctrine de Confucius est, je crois, celle qui est la plus universellement répandue en Chine?

— On y distingue, répondit Richard,

trois formes principales de croyances religieuses : le système de Confucius, celui de Laoutsee et celui de Buddha. Le premier, qui est le plus à la mode, compte parmi ses sectateurs la cour et les savants. Le second a aussi de nombreux adhérents ; mais le troisième est, sans contredit, le plus populaire de tous. Il y a aussi en Chine quelques mahométans.

— J'ai lu des extraits des ouvrages de Confucius, dit M. Meek, et la beauté de plusieurs principes de morale qu'ils renferment m'a d'autant plus frappé qu'ils viennent d'un païen.

— Il a eu le mérite, poursuivit Richard, d'enseigner à ses sectateurs, au moins en théorie, l'admiration de la vertu, le respect dû aux pères et aux mères, et l'inappréciable règle de faire aux autres ce que nous désirons que l'on nous fasse. Malheureusement, ses compatriotes ne mirent pas ses principes en pratique, et il mourut de chagrin en disant : « Les rois refusent de suivre mes maximes ; je ne suis plus utile à rien sur la terre, il est temps pour moi de la quitter. » Sa mémoire est néanmoins en Chine l'objet d'une grande vénération. Soixante-quatorze temples ont été élevés en son honneur ; et, tous les ans, on y sacrifie six taureaux, vingt-sept mille cochons, cinq mille huit cents brebis , deux mille huit cents daims et vingt-sept mille lapins.

— Il est déplorable , observa M. Meek, de voir des honneurs presque divins ainsi rendus à un simple mortel, et on éprouve un vif sentiment de compassion en songeant qu'un homme, auteur de règles de morale si élevées, ait laissé dans un oubli complet les devoirs de la créature vis-à-vis de son

Créateur ; car, si je ne me trompe, Confucius, dans ses ouvrages, parle à peine d'un Être suprême.

— Il n'en parle, au moins, que d'une manière bien vague et bien obscure, répondit Richard. Quelque imparfaite, cependant, que soit la doctrine de Confucius, elle est bien supérieure à celle de Laoutsee.

— Quel est donc le système de ce dernier ? demanda M. Evans.

— Les principes moraux de ce philosophe consistent à se délivrer des passions qui peuvent troubler l'âme, et à faire tous ses efforts pour passer sa vie sans inquiétudes et sans embarras. Il prétend même avoir trouvé l'art de rendre ses sectateurs immortels, et leur évite ainsi la crainte de la mort. Tous ses partisans sont passionnés pour la magie, pour le culte des démons dont ils invoquent l'assistance, et s'adonnent à une foule de pratiques d'autant plus absurdes qu'elles tendent à produire, dans l'homme, une apathie dégradante et stupide. Les prêtres de cette secte exercent la divination, vendent des charmes, agissent enfin comme les prétendus sorciers de nos campagnes, qui dupent les imbécilles assez ignorants pour les écouter.

— Pauvres créatures égarées! dit Mme Evans. On peut certainemement dire que le père du mensonge les aveugle, et les mène à son gré comme des esclaves.

— Vous nous avez parlé d'une troisième secte, n'est-ce pas, Richard?

— Oui, c'est celle de Fo ou de Buddha. Elle a, dit-on, été introduite en Chine soixante-cinq ans avant la naissance de notre Sauveur, et elle est encore plus dangereuse que la précédente. Comme je vous l'ai déjà dit, le bouddhisme est la religion la plus populaire en Chine. Le pays est rempli de ses temples et de ses monastères. Ses partisans ont continuellement dans la bouche les noms de leurs dieux, « Omito-Fo! » car ils croient, qu'après les avoir invoqués, ils sont, non-seulement purifiés, mais encore qu'ils peuvent satisfaire toutes leurs passions, puisqu'ils ont toujours la faculté d'expier leurs fautes à ce même prix ou par quelques mortifications corporelles. Leurs prêtres, appelés bonzes, s'imposent, pour gagner de l'argent, de rudes pénitences qu'ils subissent au milieu même des places publiques. Les uns se frappent la tête sur le pavé, et ne s'arrêtent que lorsque leur sang coule; les autres s'attachent au cou de grosses chaînes, qu'ils traînent dans les rues, en criant qu'ils font cela pour expier les péchés de leurs adhérents, et, comme vous devez le penser, ceux-ci leur font d'abondantes aumônes. Un missionnaire catholique romain rencontra un jour un jeune bonze, debout, dans un baril hérissé intérieurement de deux mille clous pointus, qui ne lui permettaient pas de s'appuyer sans se faire une quantité de blessures, et qu'il vendait au peuple comme étant sanctifiés par ses souffrances. Le missionnaire essaya de lui démontrer la folie de sa conduite. Le bonze l'écouta paisiblement, le remercia beaucoup de son conseil; mais ajouta, qu'il lui aurait encore plus d'obligation, s'il voulait lui acheter quelques-uns de ses clous. « Voyez, s'écria-t-il, voilà les six qui me piquent le plus; ils sont les plus saints et devraient se vendre plus cher; cependant, par reconnaissance pour vos bons avis, je vous les donnerai au même prix que les autres! » — Ces bonzes, non contents de se mortifier eux-mêmes, étendent souvent leurs atroces pratiques sur des victimes involontaires. Un mandarin, passant un jour avec sa suite sur les bords d'une rivière, aperçut une foule de peuple assemblé auprès d'une espèce de théâtre. Sur celui-ci se tenaient un grand nombre de prêtres : ils entouraient une caisse, terminée par une petite cage de fer, audessus de laquelle passait la tête d'un jeune homme dont les yeux roulaient d'une manière effrayante. Le mandarin demada ce que c'était, et les bonzes lui répondirent que cet homme allait se jeter dans la rivière, pour s'offrir lui-même en sacrifice aux dieux. Etonné, le mandarin déclara qu'il voulait entendre, de la bouche même du patient, les raisons qui le portaient à agir ainsi, et donna l'ordre qu'on le lui amenât. A ces mots, le jeune homme se mit à jeter sur les assistants des regards encore plus effarés, en se livrant à des contorsions extrêmement violentes; et les prêtres firent tous leurs efforts pour obtenir du gouverneur qu'il révoquât son ordre : ils prétendirent que, si la victime ouvrait seulement la bouche, le sacrifice serait inutile : « Cent autres, ajoutèrent-ils, ont ambitionné l'honneur dont il jouit; mais nous lui avons donné la préférence à cause de ses vertus. Ayez pitié de lui, monseigneur ! voyez comme ses yeux roulent d'horreur à la pensée que vous voulez l'interroger. Il en est au désespoir; vous le ferez mourir de douleur. » Le mandarin cependant ne voulut pas céder, et il chargea ses gardes de lui amener le jeune homme. Ceux-ci le trouvèrent lié par les pieds et par les mains, et à demi-suffoqué par un bâillon qui lui remplissait la bouche. Aussitôt qu'il fut délivré, il se mit à crier : « Ah ! monseigneur, sauvez-moi des mains de ces assassins. Je suis un pauvre étudiant ; j'allais à Pékin pour y subir les examens, et ces scélérats, la nuit dernière, m'ont saisi ; ils m'ont attaché ce matin dans cette cage et ils allaient me noyer. » Le mandarin le fit immédiatement mettre en liberté, et les prêtres furent sévèrement punis.

— Ils n'ont eu que ce que méritait leur atroce conduite ; et cependant, observa M. Evans, on ne peut que plaindre leur fatal aveuglement.

— Les disciples de Buddha croient que le ciel est plein d'arbres resplendissants de diamants, et peuplé d'habitants qui y jouissent d'une jeunesse éternelle. Leur enfer est un séjour terrible. Quelques-uns des méchants y sont attachés à des colonnes de cuivre rougies au feu, ou plongés dans des chaudières pleines de plomb bouillant. Les menteurs y ont la langue coupée. Les voleurs y sont jetés sur des montagnes hérissées de couteaux. Ils croient aussi que leurs âmes passent, après la mort, dans le corps de divers animaux. Un missionnaire fut un jour appelé, en toute hâte, auprès d'un vieillard mourant, auquel les bonzes avaient dit qu'il deviendrait un cheval de poste. Cette idée le tourmentait tellement que, la nuit, dans ses rêves, il croyait se voir sellé, bridé et prêt à partir au premier coup de fouet. Souvent même, se réveillant baigné de sueur, il se demandait s'il était homme ou cheval.

— Hélas! voilà une de ces nombreuses appréhensions qui désolent les derniers moments d'un païen! Et comment en serait-il autrement, puisqu'il ne sait rien de cette foi qui arrache à la mort ses aiguillons ?

— Cette doctrine de la transmigration des âmes favorise singulièrement les fraudes et les artifices que les bonzes inventent pour exciter la libéralité du peuple. Deux prêtres, entrant dans la cour d'une ferme, y virent une belle paire de canards, et se demandèrent de suite comment ils pourraient faire pour se les approprier. Enfin, ils se mirent à soupirer et à pleurer amèrement. La maîtrese de la maison leur demanda ce qui les affligeait : « Hélas, répondirent-ils en sanglottant plus fort, les âmes de nos pères sont dans les corps de ces canards, et nous avons peur qu'il ne vous prenne envie de les tuer ! — Puisqu'il en est ainsi, répliqua la femme, je vous promets de les conserver. — Mais votre mari, continuèrent-ils, ne sera peut-être pas de cet avis, et un malheur peut les atteindre. Nous vous en prions, donnez-nous nos chers pères, afin que nous puissions nous-mêmes en prendre soin. » — La paysanne crédule finit par céder à cette demande, et il est inutile d'ajouter qu'aussitôt hors de vue, les deux prêtres firent, avec les canards, un excellent dîner.

— Les bouddhistes croient aussi que les âmes de leurs ancêtres demeurent quelquefois dans les maisons qu'ils habitaient sur la terre jusqu'à ce que celles-ci aient été purifiées par des sacrifices fort coûteux. Il en résulte que les pauvres, pour éviter des dépenses qui les ruineraient, mettent souvent leurs parents malades à la porte, afin qu'ils meurent dans la rue.

— Comme l'idolâtrie émousse les sentiments les plus tendres du cœur humain ! s'écria Mme Evans.

— C'est bien vrai ; et cependant ils s'enorgueillissent beaucoup du respect qu'ils portent aux auteurs de leurs jours. Vous avez peut-être entendu parler, . Monsieur, continua Richard, d'une pratique des Chinois, dont j'ai entretenu ma mère et mes sœurs, et qui consiste à brûler, sur la tombe de leurs ancêtres, des découpures de papier doré représentant divers objets; ils s'imaginent que leurs amis recevront, dans l'autre monde, les objets réels que ces morceaux de papier représentent.

— J'en ai effectivement entendu parler, répondit M. Meek, et je crois même que c'est l'Angleterre qui fournit à la Chine presque tout l'étain en feuille qui sert à la confection de ce papier.

— C'est un commerce aussi condamnable, observa M. Evans, que celui des fabricants de Birmingham qui envoient dans l'Inde des chargements d'idoles. Les Chinois adorent-ils des idoles dans leurs temples ?

— Oui ; on en voit qui ont des figures aussi bizarres que monstrueuses. Quelquefois, quand les prières de leurs adorateurs ne sont pas exaucées, ceux-ci les chassent de leurs temples comme des divinités impuissantes, les accablent d'outrages, les lient avec des cordes, les tiennent dans la boue. Lorsqu'ils ont enfin ce qu'ils désirent, ils lavent la statue avec beaucoup de cérémonie, la remettent à sa place, la couvrent d'une nouvelle couche de dorure afin de la maintenir de bonne humeur, et l'engagent à être, une autre fois, plus raisonnable en leur accordant plus promptement ce qu'ils demandent. On raconte même qu'un habitant de Nankin ayant, malgré toutes ses prières, perdu un enfant unique, intenta un procès à une idole, et obtint une sentence en vertu de laquelle son temple fût abattu, les prêtres qui le desservaient, châtiés sévèrement, et l'idole elle-même bannie de l'empire.

— Est-il vrai, demanda M. Meek, que le crime de l'infanticide soit aussi commun en Chine qu'on l'a prétendu ?

— Quelques écrivains ne le croient pas ; cependant il est à craindre qu'ils ne soient dans l'erreur. M. Barrow a constaté, pendant son séjour à Pékin, que, toutes les nuits, une moyenne de vingt-quatre petits enfants étaient abandonnés dans les rues et dévorés par les cochons. Quelquefois des gens du peuple qui les trouvent, les recueillent, mais c'est pour les mutiler et exploiter, par leur moyen, la charité publique.

— J'ai effectivement entendu parler, reprit M. Meek, de deux jeunes filles amenées en Angleterre et dont les yeux avaient été ainsi crevés. Comme le joug du Sauveur paraît aisé, quand on le compare surtout à ces atrocités de l'empire du roi des ténèbres ! N'est-ce pas que nous ne saurions jamais trop apprécier nos priviléges, et que nous ne saurions avoir trop d'ardeur pour en faire part à nos semblables ?

— Ah ! certainement, répondit M. Evans.... Mais voici le domestique qui vient desservir. Voulez-vous que nous allions prendre l'air dans le jardin ? La vue des beautés de la nature délasse agréablement l'âme fatiguée par le récit de ces cruautés du monde païen.

— J'accepte votre offre avec plaisir, répondit M. Meek.

A ces mots, M. Evans ouvrit la porte du salon qui donnait sur le parterre, et toute la compagnie passa dans le jardin, où nous prendrons la liberté de la suivre.

CHAPITRE XIII.

Le christianisme en Chine. — Missionnaires catholiques romains. — Missionnaires protestants — Objections des Chinois. — Conclusion.

— Quel délicieux parfum exhalent ces fleurs ! dit M. Meek, en s'arrêtant pour cueillir une rose. Comme vous le disiez tout-à-l'heure, M. Evans, c'est avec joie que l'on détourne ses regards de la contemplation des cruelles pratiques du paganisme, pour les porter sur les bontés de Dieu dans les œuvres sublimes de la création !

— La rose que vous venez de cueillir, répliqua M. Evans, vient précisément de la Chine ; elle fleurit plus souvent que ses sœurs des autres espèces.

— Puisse la rose de Sçaron, reprit M. Meek, répandre bientôt le céleste parfum de la vérité sur cette terre encore plongée dans les ténèbres de l'erreur ! La pensée que trois cent cinquante millions de païens n'ont aucun moyen de connaître le chemin du salut, m'attriste beaucoup plus que je ne saurais vous le dire. — Pendant que vous étiez en Chine, Richard, avez-vous entendu parler de ce qu'y faisaient nos missionnaires ?

—J'ai eu le plaisir, répondit Richard, d'y faire la connaissance de l'excellent Dr Parker, missionaire américain et directeur de l'hôpital, établi à Canton pour donner des soins gratuits aux indigènes. J'ai également vu quelquefois à bord, où on les appelait pour servir d'interprètes, un ou deux autres missionnaires. Pendant ma maladie, ces messieurs ont été pour moi d'une bonté remarquable : ils m'ont donné de grands détails sur tous les efforts faits, autrefois et de nos jours, pour l'évangélisation de la Chine.

— Autrefois ? demanda Mme Evans ; je croyais que les premiers essais pour l'introduction de l'Evangile, en Chine, étaient de date toute récente.

— Oh ! non. On est à peu près sûr que l'apôtre Thomas y annonça Christ dans le premier siècle de l'ère chrétienne. On dit aussi que, vers le VIe siècle, les Nestoriens y firent de nombreux prosélytes. Enfin, les catholiques romains se sont occupés avec ardeur, il y a déjà fort longtemps, de l'envoi de missionnaires en Chine. Ceux-ci eurent d'abord à lutter contre des difficultés qu'ils ne purent surmonter qu'à force de persévérance : ils avaient des connaissances médicales et scientifiques au moyen desquelles ils parvinrent à acquérir une grande influence à la cour, et ayant réussi à obtenir la permission de s'établir dans le pays, ils y répandirent avec succès leurs doctrines. Mais, plus tard, des querelles, causées par les prétentions rivales des divers ordres religieux, s'élevèrent entre les missionnaires ; le pape voulut imposer son autorité, et les Chinois, s'imaginant alors que cette propagande avait un but politique, expulsèrent presque tous les prêtres catholiques, et firent subir à leurs partisans, de cruelles persécutions.

— Quelles que soient les erreurs des

catholiques-romains, dit M. Meek, leur zèle pour la diffusion de leurs croyances couvre de honte les protestants qui se sont tenus endormis pendant si longtemps, dans une coupable léthargie. L'excellent M. Morrisson est, si je ne me trompe, le premier missionnaire évangélique envoyé, par l'Angleterre, en Chine.

— Oui, Monsieur, j'ai eu souvent le plaisir de dîner avec son fils, et je l'ai entendu parler des difficultés contre lesquelles son père eut à lutter, quand il commença ses travaux à Canton. Il ne pouvait sortir qu'à la dérobée, et encore était-ce sous un costume chinois, avec ses ongles et ses cheveux installés comme les leurs. Il eut surtout beaucoup de peine à se rendre maître du langage. Nommé, plus tard, interprète de la Compagnie des Indes, il parvint à acquérir une grande influence. On lui doit un dictionnaire chinois et une traduction, dans cette langue, des saintes Ecritures.

— Il a eu, je crois, le bonheur, dit M. Meek, d'amener quelques âmes à la foi en Jésus-Christ.

— Oui; quelques tisons arrachés du feu ont été la récompense de ses travaux.

— Les rapports des missions que j'ai vus dernièrement, ajouta M. Evans, nous annoncent que de grands efforts, pour la propagation de la vérité, ont été faits à Malacca, à Penang, à Singapore et dans plusieurs autres localités voisines de la Chine où les natifs de ce dernier pays vont s'établir.

— C'est vrai, répondit M. Meek; le docteur Milne, dont nous avons à déplorer la mort, M. Medhurst et plusieurs hommes pleins de dévouement y ont pendant longtemps exercé leur ministère.

Ils ne peuvent y être persécutés, et les communications constantes, qui existent entre la Chine et les villes dont vous venez de parler, leur fournissent des occasions excellentes pour faire parvenir des traités dans le cœur même de l'empire.

— Est-il vrai que les missionnaires soient persécutés en Chine? demanda Mme Evans.

— D'une manière terrible; la peine de mort est prononcée contre tous ceux qui y introduisent une religion nouvelle. Cependant, de courageux serviteurs de Christ se sont aventurés dans le pays. M. Gutzlaff et M. Medhurst, auteur d'un ouvrage très-intéressant sur la Chine, ont tous les deux parcouru le littoral en distribuant des traités religieux.

— Ont-ils été bien reçus? demanda M. Evans.

— Les traités ont été accueillis avec avidité; on ne pouvait suffire aux demandes de tous ceux qui en désiraient. Aussi, est-ce probablement par le moyen de traités que commencera la conversion de ce pays. La guerre a inspiré aux natifs de grandes préventions contre les Anglais, mais ils n'en ont aucune contre les livres; et, comme je vous l'ai déjà dit, une conformité complète de langage régnant d'un bout à l'autre de la Chine, nos brochures peuvent circuler dans toutes les parties de l'empire, et y être comprises. La Société des Traités religieux, pénétrée de l'importance de ce fait, y a répandu, même pendant la guerre, une grande quantité de bons ouvrages. Quelques-uns d'entre eux sont, dit-on, tombés dans les mains de l'empereur. Selon toutes les apparences, ils ne sont pas demeurés sans effet, puisque des prêtres chinois ont cru devoir publier d'autres traités pour les combattre.

— En vérité ! dit M. Meek ; et de quels arguments se sont-ils servis ?

— Quelques-unes de leurs objections paraissent bien étranges à un Européen ; mais il en est, dans le nombre, auxquelles la conduite inconséquente des chrétiens de nom ne donne, hélas ! que trop de poids. Ainsi, ils demandent comment les Anglais peuvent parler de leur amour pour l'humanité quand ils empoisonnent un pays avec l'opium, ou de leur justice quand ils expédient des flottes et des armées pour faire des conquêtes ? Ils nous accusent de n'avoir aucune idée des convenances, puisque nous permettons aux hommes et aux femmes de sortir ensemble en se donnant le bras, et de n'avoir aucun respect pour les inventeurs des lettres, puisque nous foulons aux pieds, sans le moindre scrupule, un morceau de papier imprimé. Enfin, ils ont dernièrement prétendu que nous n'avions pas d'égards pour nos ancêtres, parce que nous ne brûlions pas, sur leurs tombes, des morceaux de papier doré et que nous ne les mettions que dans de misérables cercueils de bois d'un pouce d'épaisseur.

— Ces objections sont, par le fait, bien étonnantes, dit M. Evans.

— Oui; elles présentent un mélange du bon sens et de l'absurdité qui paraissent, en même temps, réunis dans toutes les productions chinoises. Aussi, vous devez comprendre comme il est difficile à nos missionnaires, quelque habitués qu'ils soient à lutter contre les arguments des impies ou des hommes irréligieux de l'Europe, de répondre à des objections tellement extraordinaires.

— Cependant, reprit M. Meek, nous devons espérer qu'avec la bénédiction de Dieu, cette faible semence divine, maintenant répandue en Chine, produira un jour, dans cet immense empire, une précieuse et abondante moisson. Oh! puissent des hommes brûlant de l'amour du Sauveur, animés par une foi et une charité sans limites, se lever en grand nombre et, bravant tous les obstacles, s'élancer dans cette contrée enveloppée de ténèbres pour y prêcher Christ, la lumière et le salut du monde !

Réponds aux cris de ton Eglise;
Il en est temps, Seigneur ! accours :
Fais briller l'aurore promise
Et le soleil des derniers jours.
D'apôtres suscite une armée;
Et que, sur la terre et les mers,
La grande Nouvelle semée
Fasse tressaillir l'univers !

Oh ! dans nos cœurs qui te supplient
Mets plus de zèle, plus de foi ;
Qu'en t'honorant ils s'humilient,
Qu'ils ne rendent gloire qu'à toi.
Et quand nous prêchons à la terre
Ta grâce et ta fidélité,
Prêche-nous ta loi, notre Père !
A nous qui savons ta bonté.

FIN.

TABLE DES MATIÈRES.

CHAPITRE PREMIER.

CHAPITRE II.

CHAPITRE III.

CHAPITRE IV.

CHAPITRE V.

CHAPITRE VI.

CHAPITRE VII.

CHAPITRE VIII.

CHAPITRE IX.

CHAPITRE X.

CHAPITRE XI.

CHAPITRE XII.

CHAPITRE XIII.

FIN DE LA TABLE.

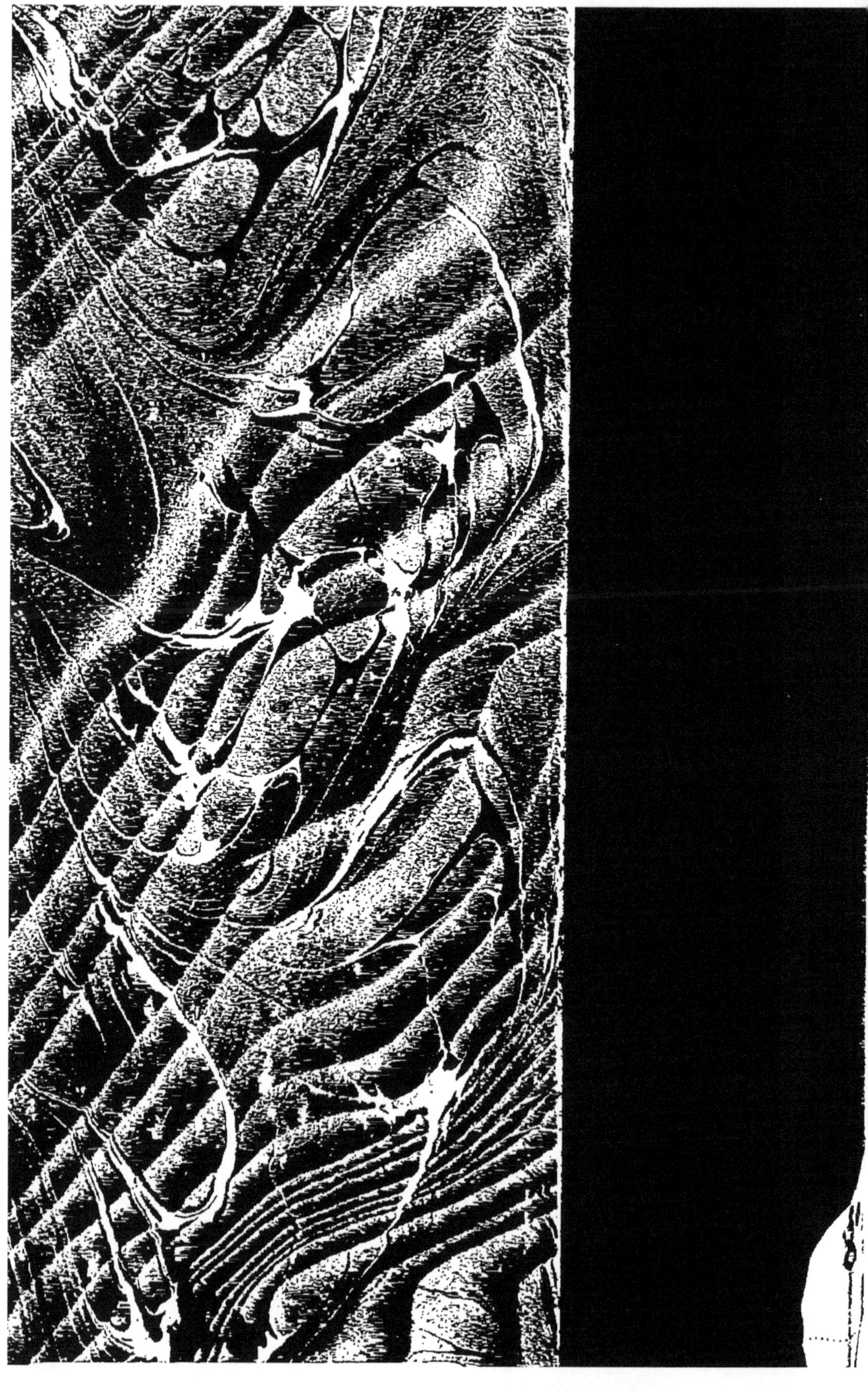

www.ingramcontent.com/pod-product-compliance
Ingram Content Group UK Ltd.
Pitfield, Milton Keynes, MK11 3LW, UK
UKHW020121200726
13856UKWH00002B/668

9 782013 391221